놀러오세요, 레진아트 공작소

* 본문 중 레진아트 재료와 도구 등 일부 단어는 흔히 쓰이는 용어와
저자 표현에 따라 맞춤법 원칙과 다르게 표기했습니다.

탐탐 04
취미관

놀러오세요, 레진아트 공작소

당신의 일상을 빛내주는
레진아트 클래스

마니랜드(박지인) 지음

Resin Art

21세기북스

Prologue

마니랜드에 오신 것을 환영합니다!

　코로나 시국이 길어지면서 점점 집에서 즐길 수 있는 취미를 찾는 사람들이 많아지고 있습니다. 그중에서도 우리나라에서는 아직 많이 알려지지 않았던 레진아트가 '집콕 취미', '방구석 취미'로 많은 관심을 받게 되어, 레진아트를 사랑하는 사람으로서 반갑고 기뻤습니다.

　'레진아트'라는 이름을 처음 들었다면 생소하다고 생각할 수 있지만, 사실 레진(Resin)은 우리 일상에서 흔하게 발견되는 재료입니다. 레진이란, 합성수지(고무나 플라스틱)의 액체 상태를 말합니다. 플라스틱의 원료라고 생각하면 이해하기 쉬운데요. 레진을 굳혀 작은 액세서리부터 대형 가구까지 무궁무진한 형태의 공예 작업을 할 수 있습니다.

　미국이나 유럽의 레진아트는 2액형 레진(에폭시 레진)을 사용해 만든 부피가 큰 작업물이 인기가 많았습니다. 그리고 일본에서는 UV레진을 이용한 작은 액세서리 작품들이 유행을 하면서 인기를 얻고 시장이 커졌죠. 우리나라에서는 2액형과 UV레진, 두 종류의 레진을 모두 사용하며 우리나라만의 레진아트 스타일을 만들어내기 시작했고, 한류를 타고 'K-레진아트'라는 독자적인 스타일을 세계에 전파하고 있습니다.

레진아트는 첫 진입 장벽만 넘으면 창작자의 상상력과 개성을 그대로 담아 작품에 녹여낼 수 있기 때문에 인기가 많습니다. 게다가 초보자라도 조금만 연습한다면 완성도 높은 작품을 제작할 수 있어 작품 판매까지 이어질 수 있는 공예 취미이기도 하죠. 또 레진아트는 소중한 기억을 물건으로 남기기 좋은 작업입니다. 좋아하는 영화나 애니메이션, 최애 연예인, 소중한 선물, 기억에 남는 여행지 등… 소중한 추억을 아주 특별한 방식으로 오래 간직할 수 있어요.

일상을 더 특별하게 만드는 방법이 궁금한 당신을 레진아트 공작소로 초대합니다.

Contents

Prologue 마니랜드에 오신 것을 환영합니다! 004

INSIDE
레진아트 세계로 초대합니다

Check List 레진아트 레벨 체크리스트 012
Infographic 레진아트 생활자들의 일상 공유 014
Collection 마니랜드 작품집 020

HOW TO
나만의 유니크한 취미 생활, 레진아트

STEP 1 _ 워밍업! 레진아트
레진아트 기초 상식 038
UV레진 040
2액형 레진 044

레진아트 주의 사항 047
레진아트 보조 도구 050
레진아트 조색 058
추천 색상 팔레트 062

STEP 2 _ DIY 레진아트

CLEAR 투명을 담은 레진아트 066

리본 이어폰 케이스 068 | 투명 몰딩 핸드폰 케이스 071
투명 유리구슬 귀걸이 075 | 투명 카드 케이스 077
돌고래 하트 키링 081 | 홀로그램 하트쉐이커 키링 085
홀로그램 나비 선캐처 090 | 압화 펜던트 목걸이 094
투명 압화 반지 097 | 투명 압화 빗 099 | 꽃송이 문진 102

PASTEL 파스텔을 담은 레진아트 106

대리석 무늬 코스터 108 | 파스텔 마블링 3단 디저트 트레이 112
구름 조각 지비츠 116 | 뮤직플레이어 키링 119
글리터 진주 조개 책갈피 123 | 진주 조개 트레이 127
자개 헤어핀 130 | 벚꽃 워터쉐이커 키링 133

Contents

네임택 키링 138 | 여름 바닷가 손거울 142
한여름 바다 키보드 키캡 147

VIVID 비비드를 담은 레진아트 — 152

멜론 크림 소다 보석함 154 | 푸딩 키보드 키캡 158
과일 초코바 키링 162 | 별쉐이커 핸드폰 거치대 165
마법 소녀 다이어리 169 | 중세풍 마녀 호텔 키링 174
레인보우 코스터 178 | 물결 무늬 펜꽂이 180
소우주 핸드폰 거치대 184 | 우주 펜 만들기 188

[LEVEL UP 레진아트 기술 더하기]

원하는 모양으로 실리콘 몰드 만들기 — 192
슈링크 페이퍼로 파츠 만들기 — 196
데코덴 생크림 본드로 생크림 효과 만들기 — 199

[초보자를 위한 Q&A] — 202

마니랜드 개장합니다

Hashtag 해시태그로 읽는 마니랜드	206
Maniland in Number 숫자로 보는 마니랜드	208
Interview 하이, 랜디! 마니입니다	209
Space 마니랜드 공방, 어떤 곳인가요?	213
Recommendation 추천 채널 & 사이트	214

레진아트 세계로 초대합니다

Check List

레진아트 레벨 체크리스트

레진아트 세계에 들어가기 전
나의 레진아트 관심도와 능력치를 확인해보세요!

레진아트 SNS 계정을 셋 이상 팔로우한다.	레진아트 제작 방법을 검색해본 적 있다.	레진아트 재료를 구매한 적 있다.	레진아트 온라인 클래스나 일일 클래스를 수강한 적 있다.	레진이 경화가 안 되는 경험을 해본 적 있다.
하트쉐이커란 단어를 보면 트와이스보다 레진아트가 떠오른다.	레진아트 상품을 탐내거나 구매한 적 있다.	압화나 드라이플라워를 직접 만든 적 있다.	'마니랜드'를 알고 있다.	그라데이션 기법을 성공한 적 있다.
자신의 SNS에 레진아트 사진을 업로드한 적 있다.	레진아트 액세서리를 제작해본 적 있다.	레진아트로 만든 작품을 선물해본 적 있다.	소품숍에서 레진아트 작품을 알아본 적 있다.	다양한 재료를 사용해서 레진을 조색해본 적 있다.
레진아트 관련 유튜브 채널을 구독하고 있다.	문구점에서 레진아트에 응용할 수 있는 재료를 찾아본 적 있다.	다른 브랜드의 레진을 3가지 이상을 사용해본 적 있다.	레진아트 커뮤니티에 가입해본 적 있다.	UV레진과 2액형 레진의 차이를 알고 있다.
레진의 기포를 제거하는 법을 알고 있다.	레진아트로 굿즈를 만들어 본 적 있다.	레진아트 인테리어 소품을 제작해본 적 있다.	2액형 레진을 계량할 때 저울을 사용해본 적 있다.	레진아트 작품을 판매한 적 있다.

0줄 당신은 **레진아트 눈팅러!** 예쁜 레진아트 완성품을 구매하거나 그저 레진아트 만들기 영상을 보는 데 만족하고 있지 않나요? 레진아트를 직접 해보고 싶었지만, 시작할 엄두가 나지 않았다면 걱정하지 마세요! 이 책을 통해 레진아트에 대해 알게 된다면 레진아트 세계에 한발짝 더 가까워질 수 있을 거예요.

1줄 당신은 **레진아트 관심 부자!** 레진아트에 관심이 많아 입문하고 싶지만 막상 방법을 몰라 망설이고 있나요? 아니면 곰손이라 작품을 망치지 않을까 시작하기도 전에 걱정하고 있나요? 그럴 필요 없어요. 책을 따라 하나씩 연습하면 어느새 실력이 쑥쑥 자랄 거예요.

2~3줄 당신은 **레진아트 취미러!** 레진아트에 입문한 후 한창 레진아트의 재미를 알아가고 있나요? 아직은 종종 실수하고 해결 방법을 몰라 허둥대기도 하지만 레진아트의 재미를 알아버렸으니 매력에 더욱더 빠질 일만 남았습니다. 책을 통해 차근차근 부족한 부분들을 다시 점검해보면서 레진아트 실력을 키워보세요.

4~5줄 당신은 **레진아트 숨은 고수!** 주변에서 레진아트 제작 방법에 대해 자주 질문하지 않나요? 책에 소개된 다양한 디자인과 스킬을 따라 하며 나아가 나만의 레진아트 기술을 만들어보는 건 어떨까요?

6줄 이상 당신은 **레진아트 공예 작가님!** 다양한 종류의 레진아트 작업물을 제작해본 경험이 있으며 친구들이 작품을 탐내거나, 더 나아가서 작품을 판매한 적도 있지 않나요? 혹시 이 책을 선택한 이유도 '레진아트' 덕질의 일환은 아닌가요?

INSIDE

Infographic

레진아트 생활자들의 일상 공유

출처 : 마니랜드 채널 구독자 및 마니랜드 쇼핑몰 이용자 2,751명 대상

레진아트 작품을 만들어본 횟수

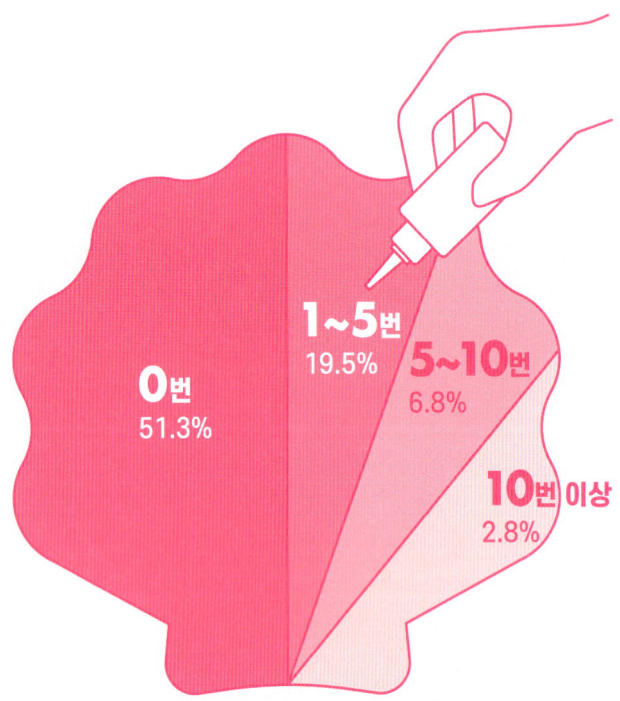

0번
51.3%

1~5번
19.5%

5~10번
6.8%

10번 이상
2.8%

한 번도 경험해보지 못한 사람은 있어도 한 번만 하는 사람은 없다는 레진아트! 쉽게 용기를 내어 도전하기는 어려운 취미지만, 레진아트를 시작하겠다고 마음먹은 순간 그 매력에 풍덩 빠져 이것저것 시도하게 됩니다. 물론 초기 진입 장벽이 높아 많은 분들이 주저하고 있을 텐데요. 용기를 내어 시작하기만 한다면 특별한 취미 생활을 즐길 수 있습니다.

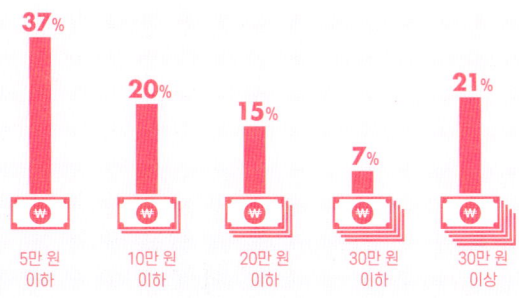

레진아트 용품을 구매한 경험이 있다면, 사용한 금액은 얼마인가요?

- 5만 원 이하: 37%
- 10만 원 이하: 20%
- 20만 원 이하: 15%
- 30만 원 이하: 7%
- 30만 원 이상: 21%

레진아트 용품 구매 금액 비율은 신기하게도 레진아트 경험 비율과 비슷한 양상을 보였습니다. 5만 원 이하는 37%지만 30만 원 이상이라는 답변도 21%를 차지했습니다. 그 이유로 레진아트의 매력에 빠져들면 더 예쁜 파츠와 더 다양한 몰드에 욕심이 가기 때문이라고 답했는데요. 다양한 레진아트 기술로 가지고 있는 재료를 활용하는 방법들을 배워봅시다. 또 나아가 내가 만든 작품을 판매하여 비용 부담을 줄여보세요.

레진아트에 아직 도전하지 못한 이유

레진아트라는 취미를 쉽게 시작하지 못하는 이유로 절반 이상의 사람들이 비용이 부담된다는 답변을 했습니다(55%). 기본 장비부터 보호 장비까지 필요하고 작품마다 다른 부재자들과 몰드, 파츠들을 모두 한꺼번에 사기에는 부담스럽다는 것입니다. 또 그 뒤로 어디서 배울지 막막하다는 답변이 이어졌어요. 아무래도 레진아트에 대한 정보가 많지 않기 때문일 거예요. 레진아트 생활자들은 어디서 정보를 얻고 있는지 다음 문항에서 확인해보세요.

레진아트 비용이 부담돼서
37%

어디서 배울지 막막해서
22%

너무 어려워 보여서
15%

손으로 하는 취미가 자신이 없어서
8%

INSIDE

97.7% 유튜브
24.8% 인스타그램
9.3% 블로그
4.7% 온라인 클래스
1.7% 책
0.8% 원데이 클래스(오프라인)

레진아트 관련 정보를 확인하는 방법

레진아트 작업 방법, 재료 정보, 디자인 참고 등 레진아트에는 생각보다 많은 정보가 필요합니다. 이러한 정보를 대다수의 레진아트 생활자들은 유튜브(97.7%)에서 얻고 있다고 답했습니다. 이러한 관심에 힘입어 레진아트 유튜버들도 최근 많은 사랑을 받으며 급격한 채널 성장세를 보이고 있죠. 인스타그램을 통해서 많은 국내외 작가들의 작품을 구경하기도 하고, 최근 많이 등장한 온라인 클래스에서도 많은 도움을 받고 있다고 답했습니다.

68.7% 작품이 예뻐서
22.3% 만들기 영상을 보는 것만으로도 힐링이 돼서
4.6% 배우고 싶어서
2.2% 연예인, 영화 등 각종 굿즈 영상을 찾다가

많은 레진아트 생활자들이 유튜브로 레진아트 영상을 보고 있다고 답했는데요. 그렇다면 왜 레진아트 영상을 찾아보는지도 함께 물었습니다. 제일 많은 답변으로 작품이 '예뻐서', 그 다음으로는 '예쁘기 때문에 보는 것만으로도 힐링이 된다'는 답변이 가장 많았습니다. '레멍(레진아트 영상을 보며 멍때리기의 줄임말)'이라는 말이 새로 만들어질 정도로 많은 사람들이 레진아트 영상을 보며 스트레스를 해소하고 있다고 답변했습니다.

레진아트를 시작하게 된 계기

어떤 계기로 레진아트 세계에 입문하게 되었는지에 대한 질문에 과반수 이상이 레진아트 영상을 보다가 따라 하고 싶어서 시작한다고 답했습니다(68.4%). 취미를 만들고 나만의 굿즈를 만드는 것도 좋지만, 레진아트를 즐기는 대부분의 사람들이 유튜브로 레진아트 정보를 얻다 보니 따라 해보고 싶다는 마음에서 시작한다고 해요.

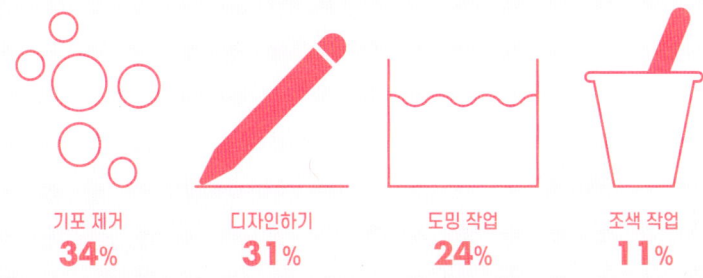

레진아트에서 가장 어려워하는 부분에 대해 질문했을 때 많은 사람이 기포 제거(34%)라고 답했습니다. 아무래도 레진아트는 투명할수록 그 진가를 더 발휘하는 작품이라 깨끗하고 맑은 작품을 제작하고자 노력하지만 쉽지 않기 때문일 거예요.

기포 제거 외에도 디자인하기, 도밍하기, 조색 작업하기 순서로 어렵다고들 해요. 하지만 책을 따라 차근차근 부족한 부분을 되짚어가면서 연습하다 보면 더 이상 실패하지 않을 겁니다.

내가 금손이 된다면 꼭 만들어보고 싶은 레진아트 작품 순위

1위
쉐이커류 키링

2위
생활 소품(코스터, 쟁반, 디저트 타워 등)

3위
핸드폰 액세서리(핸드폰 거치대, 핸드폰 케이스 등)

4위
액세서리

5위
키보드 키캡

Collection

마니랜드 작품집

나만의 레진아트를 디자인 하려면 먼저 다양한 레진아트 작품을 보는 것이 중요합니다. 마니랜드 작품집에서는 디자인 예시용으로 다양한 작품을 소개합니다. 이 책에서 만드는 법을 자세히 다루지는 않지만 나만의 레진아트를 디자인하기 아직 어렵다면, 이번에 소개되는 마니랜드의 작품을 참고해 따라해보세요. 더 자세한 만들기 방법이 궁금하다면 위 QR 코드로 확인하세요.

봄, 여름, 가을, 겨울 우리 집 홈카페
사계절 코스터

LEVEL ★★★☆☆

계절에 어울리는 재료를 사용한 디자인으로 사계절을 코스터 안에 담아보세요. 코스터 몰드 하나로 감성 홈카페를 완성할 수 있어요.

나도 하이틴 영화 주인공
빈티지 헤어핀

LEVEL ★★☆☆☆

압화나 네일 스티커를 활용한 빈티지 스타일 헤어핀입니다. 진주와 금박 플레이크 같은 소재를 활용하면 하이틴 영화 속 주인공의 헤어 액세서리를 완성할 수 있어요.

바다에서 주워 온 조개 껍데기
빈티지 조개 손거울

LEVEL ★★★☆☆

조개 팩트 몰드는 액세서리 보관함용이지만, 사이즈가 맞는 거울을 부착하기만 하면 손거울이 됩니다.

책상 위의 프라이빗 비치
바다 트레이

LEVEL ★★★★★

모래, 튜브, 조개 등 여름 느낌의 부자재를 활용해 트레이 위에 시원한 바다를 만들 수 있습니다. 책상 위에 나만의 프라이빗 비치를 만들어보세요.

알코올 프리 트로피컬 칵테일 한 잔

칵테일 워터 쉐이커 키링

LEVEL ★★★★★

워터쉐이커 액체에 식용 색소를 넣어 색을 담아보세요. 보디 오일과 글리세린 두 가지 재료를 사용하면 색의 층이 분리되어 예쁜 칵테일 색을 연출할 수 있습니다.

○ 레진아트 세계로 초대합니다!

기억하고 싶은 오늘의 추억 조각
사진 퍼즐 키링

LEVEL ★★★★★

기념하고 싶은 사진이나 그림을 투명 OHP 필름지에 인쇄하여 나만의 퍼즐을 제작해보세요. 필름지가 투명해서 그림의 발색이 잘 안 된다면 뒷면을 하얀색 레진으로 채워주세요.

한복에도 어울리는 레진 소품
나비 워터쉐이커 한복 노리개

LEVEL ★★★☆

쉐이커뿐만 아니라 레진으로 만든 펜던트에 수술을 달아 노리개로 활용해보세요. 한복 색에 맞춰 다양한 한복 액세서리를 제작할 수 있습니다.

입체감이 살아있는
반구 핸드폰 거치대

LEVEL ★★☆☆☆

반구 몰드로 제작한 팬던트를 핸드폰 거치대 부자재에 붙여주기만 하면 완성되는 반구 핸드폰 거치대입니다. 광택이 좋은 레진을 사용하여 입체감을 표현하면 신비로운 콘셉트를 연출할 수 있습니다.

게임을 더 재미있게 DIY 게임패드
글리터 게임패드 케이스

LEVEL ★★★☆☆

기본 게임패드 TPU케이스에 스티커나 파츠를 올려 꾸미고 레진으로 코팅해 마감하면 화려한 커스텀 케이스를 만들 수 있습니다. 기본 케이스를 레진아트로 업그레이드해보세요.

좋아하는 영화 굿즈 만들기
마이 달링
쉐이커 키링

LEVEL ★★★★☆

좋아하는 만화나 영화의 콘셉트를 담은 나만의 굿즈를 제작해보세요. 몰드에 페인트 마카로 패턴을 그리고 밝은색 레진을 경화하면 원하는 무늬가 담긴 팬던트를 제작할 수 있습니다.

All I Want For Christmas
크리스마스 트리 오너먼트 키링

LEVEL ★★★☆☆

다양한 크리스마스 오너먼트를 제작해 트리를 풍성하게 꾸며보세요. 크리스마스 느낌의 부자재로 쉐이커를 채우거나, 쉐이커의 안을 막는 대신 작은 종을 틀 안쪽에 달아 크리스마스 리스를 제작할 수 있습니다.

주의! 밟으면 큰일나요

장난감 블록 키캡

LEVEL ★★★★☆

기본 키캡 몰드로 키캡을 제작한 후 그 위에 작은 반구 파츠를 만들어 위치에 맞게 붙여주면 장난감 블록 키캡을 쉽게 제작할 수 있습니다.

볼수록 빠져든다
블랙홀 키캡

LEVEL ★★★★☆

레진을 여러 층으로 작업해 공간감을 주어 더 신비한 블랙홀 키캡. 각 층마다 다른 색과 클리터를 사용해보면 볼수록 빠져드는 매력을 느낄 수 있어요.

1등급 특급 마블링
한우 코스터

LEVEL ★★★★☆

코스터 몰드에 하얀색과 붉은색 레진을 활용하면 특급 한우 마블링을 표현할 수 있습니다. 최대한 진하게 조색하는 것이 한우 코스터의 포인트입니다.

DIY로 수놓은 밤하늘
쉐이커 무드등

LEVEL ★★★★☆

아크릴 커팅으로 원하는 디자인의 몰드를 제작하는 방식입니다. 무드등의 아크릴판을 직접 만든 레진 작품으로 교체하기만 하면 DIY 무드등을 쉽게 만들 수 있습니다.

나만의 유니크한 취미 생활,
레진아트

레진아트란 무엇일까요?
레진은 에폭시, 합성수지라고도 불리며, 열경화성 플라스틱의 종류로 접착제, 건축시공, 코팅 등 다양한 방면에서 사용되는 재료입니다. 치과에서 자주 들어본 의료용 레진 또한 다양한 레진 종류 중 하나입니다. 레진아트는, 공예용 레진으로 작업하는 공예 활동을 일컫습니다. 공예용 레진은 크게 UN자외선을 쬐면 굳는 UV레진과, 주제와 경화제를 일정 비율로 섞는 2액형 레진으로 나뉩니다.

---- STEP 1 ----
워밍업! 레진아트

레진아트를 시작하기 전 레진에 대한 기초 지식과 주의 사항들을 꼼꼼하게 알아보는 시간입니다. 레진의 종류부터 차근차근 배워가다 보면 어느새 멋진 레진아트 작품을 만들 수 있을 거예요.

레진아트 기초 상식

레진아트를 시작할 때는 레진의 종류가 너무 다양해 어떤 레진을 사용해야 할지 몰라서 작품을 망치기 마련입니다. 레진 종류와 특성에 대해 자세히 알아야 알맞은 레진을 적재적소에 사용할 수 있습니다. 레진에 대해 꼼꼼히 알아보고 내가 만들고자 하는 작품의 용도에 맞는 레진을 준비해봅시다.

레진의 종류

레진아트에 사용하는 레진은 UV레진과 2액형 레진이 있습니다. 2액형 레진은 주제와 경화제로 나뉩니다.

점도에 따른 분류

저점도(물점도), 중점도, 고점도로 분류합니다. 물처럼 흐르는 저점도의 레진은 몰드를 채울 때나 기포가 거의 없는 작품을 만들고 싶을 때 사용합니다. 반면 잼 같은 농도의 고점도의 레진은 흘러내리지 않아 코팅 같은 마무리 작업에 용이합니다.

경도에 따른 분류

하드 타입
경화하면 표면이 단단하고 튼튼해져서 깔끔한 코팅 작업에 많이 사용됩니다.

소프트 타입
중간 경도 타입으로 약간 탄성이 있는 레진입니다. 핸드폰 케이스같이 유연성이 필요한 작품에 많이 사용됩니다.

구미 타입
소프트보다 말랑한 재질의 레진입니다. 젤리 같은 재질은 아니지만, 잘 눌리고 휘는 탄성을 갖고 있습니다.

UV레진

UV레진은 자외선에 노출되면 굳는 성질을 갖고 있습니다. 레진을 붓고 UV램프에 굽기만 하면 되기 때문에 간편하며, 경화 시간이 짧다는 장점이 있습니다. 하지만 2액형 레진보다 가격이 비싸고, UV램프가 있어야 한다는 단점이 있습니다. 그렇기 때문에 작업 면적이 좁은 액세서리 같은 작은 작업에 많이 사용됩니다. UV레진은 UV 전용 레진과 UV/LED 겸용 레진으로 나뉩니다. 레진 타입에 따라 사용해야 하는 램프가 다르기 때문에 구매 시 꼭 확인하세요.

기본 장비

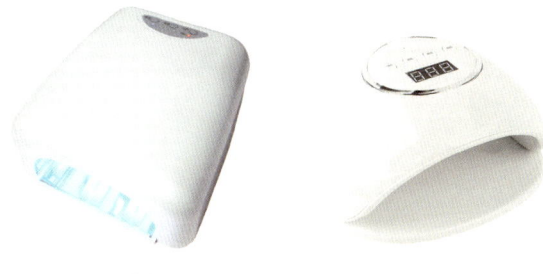

UV램프 UV/LED 겸용 램프

보통 36와트(W) 이상의 램프가 레진아트에 적당합니다. 와트가 낮은 램프를 사용하거나, 사용하는 레진과 램프의 파장이 맞지 않으면 레진이 끈적하게 끈적거리거나 굳지 않는 '미경화' 현상이 발생합니다. 출력이 낮은 미니 램프는 얇은 레진을 코팅하거나 작은 파츠의 위치를 고정하는 데 사용해주세요.

> **UV램프 사용 시 주의 사항**
>
> ⇨ UV램프에서 발생하는 빛은 눈에 손상을 줄 수 있기 때문에 직접 눈으로 보지 않도록 주의해야 합니다. 사용 시에는 램프 입구를 천으로 가려주세요.
>
> ⇨ 램프 입구에 거울을 비치하면 빛을 안쪽으로 반사시켜 안쪽으로 더 골고루 가닿기 때문에 몰드가 빠르고 균일하게 경화됩니다.

UV레진 돌발 상황 대처법

CASE 1

"UV레진을 UV램프에 넣지도 않았는데 작업 중에 굳어버렸어요."

UV레진은 자외선을 쐬면 경화되는 특성을 가지고 있습니다.
UV레진은 되도록 그늘에서 작업하거나
저녁에 작업하는 것을 추천드려요.
그리고 자외선이 나오는 형광등보다는
다른 조명을 켜두고 작업하시는 편이 좋습니다.

CASE 2

"UV램프에 넣었더니 레진이 휘었어요."

UV레진으로 얇은 작업물을 경화할 때
휘어버리는 수축 현상이 종종 발생합니다.
경화 직후 레진이 따듯할 때 무거운 물건을 올려두거나,
휜 방향 반대쪽에 레진을 한 번 더 코팅하여 경화하면
평평하게 만드는 데 도움이 됩니다.
수축 현상으로 표면이 제대로 경화가 되지 않았다면
다시 몰드에 넣고 표면만 얇게 코팅해 경화하면 깔끔해집니다.

CASE 3

"경화를 했는데도 표면이 끈적거려요."

레진 표면에 끈적함이 남는 미경화 현상은
UV램프의 파장 문제일 수 있습니다.
레진의 종류와 램프를 확인해주세요.
혹은 불투명한 실리콘 몰드를 사용할 경우
빛이 균일하게 투과되지 않기 때문에
미경화 현상이 생길 수 있습니다.
이럴 때는 작업하는 레이어 높이를 5mm 이하로
여러 번 층을 나눠 경화 작업을 진행하고,
몰드 앞뒤로도 경화해주세요.
표면만 끈적인다면 햇빛 아래 반나절 정도 두면
자외선으로 인해 자연 경화됩니다.

2액형 레진

2액형 레진은 주제와 경화제 용액을 일정한 비율에 맞춰 섞으면 경화되는 레진입니다. 일반적으로 주제와 경화제 비율은 1:1, 2:1, 3:1 등으로 나뉩니다. UV레진보다 가격이 저렴하고 수축 현상이 거의 없기 때문에 큰 작품을 제작할 때 많이 사용합니다. 다만 경화 시간이 짧게는 3시간부터 길게는 48시간까지 상대적으로 오래 걸립니다.

레진아트 작업을 할 땐 보통 액세서리 제작용으로 나온 '크리스탈 레진'을 사용하지만, 워낙 제품이 다양하기 자신에게 맞는 브랜드를 찾는 것이 중요합니다. 또 레진 브랜드에 따라 주제와 경화제의 비율, 경화 시간, 점도, 광택, 투명도, 황변도 등이 모두 다르기 때문에 작품을 만들기 전 제품 설명서를 확인해주세요.

기본 장비

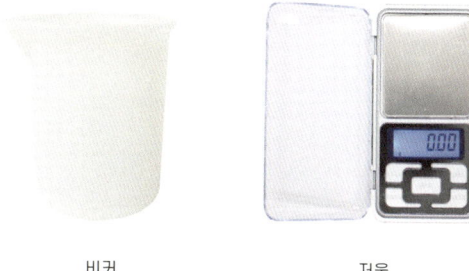

비커   저울

사용하는 레진이 부피 비율일 경우 비커 같은 동일한 부피 비율을 계량할 수 있는 도구가, 무게 비율일 경우에는 소수점 두 자릿수(0.00g)까지 나오는 정밀 전자 저울이 필요합니다. 특히 무게 비율 레진은 소수점까지 잘 나와야 계량하기 쉽고 경화도 제대로 잘 됩니다.

> **2액형 레진 주의 사항**
>
> ⇨ 2액형 레진은 제품 설명서를 읽고 배합 비율과 양을 맞춰주세요. 특히 경화 시간 6시간 이하의 2액형 레진은 많은 양을 한번에 배합할 경우 경화가 빠르게 진행되는 '급경화 현상'이 발생할 수 있으니 주의해야 합니다. 레진의 온도가 빠르게 올라가 주제가 타버리고 결과물이 노랗게 나올 수 있습니다.

2액형 레진 돌발 상황 대처법

CASE 1

"2액형 레진 작품은 날씨에 따라 성공률이 다른가요?"

작업실의 온도와 습도를 잘 살펴주세요.
2액형 레진은 온도가 높으면 점도가 낮아지고 경화가 빨리되지만
반대로 온도가 낮으면 점도가 높아져
섞을 때 기포가 많이 생기고 주제와 경화제가 덜 섞입니다.
또 온도가 너무 낮으면 주제가 하얗게 얼어
알갱이가 아래로 가라앉기도 하는데
이때는 따듯한 물에 중탕하면 됩니다.
2액형 레진은 습도에도 민감해 습한 환경에서 작업하면
정상적으로 경화되지 않거나
표면에 물결무늬가 생길 수 있습니다.

CASE 2

"작업이 쉬워지는 2액형 레진 꿀팁이 궁금해요."

기포가 적은 투명한 작품을 만들 경우
경화 시간이 긴 저점도 레진을 추천합니다.
색 그라데이션과 코팅 작업을 할 경우
경화 시간이 비교적 짧은 중점도나 고점도의 레진을 사용하면
수월하게 작업할 수 있어요.

레진아트 주의 사항

레진아트는 화학품을 다루는 작업이니 안전에 특히 주의해야 합니다. 필수 안전 사항을 다시 한번 되새기는 데에는 과함이 없겠죠? 주의사항을 잘 지켜서 안전하게 레진아트를 즐기시길 바랍니다.

1. 환기가 잘 되는 공간에서 작업하기

레진이 액체에서 고체로 굳는 '경화 현상'이 진행되는 과정에서 미세한 가스가 발생합니다. 냄새가 나지 않는 공예용 레진 또한 가스가 발생하기 때문에 창문을 열고 자주 환기를 할 수 있는 환경에서 작업하세요.
또 레진아트 작업 공간을 생활 공간과 분리하는 것을 가장 추천합니다. 어렵다면 경화 작업만큼은 분리된 공간이나 밀폐된 박스 안에 넣고 진행하세요. 환기가 잘 되는 환경이라도 방독 마스크는 꼭 착용해야 안전하게 작업할 수 있습니다.

2. 안전 장비 착용하기

니트릴 장갑

방독 마스크

보호 안경

레진아트를 작업할 때는 장갑, 방독 마스크, 보호 안경까지 착용해주세요. 특히 작업 시 공기 중에 화학 작용으로 인한 미세 가스가 발생하기 때문에 불편하더라도 화학용 방독 마스크는 꼭 착용해야 합니다.

방독 마스크의 필터는 '유기증기용 필터'를 구입하여 장착하면 됩니다. 마스크는 가격대도 1~2만 원대로 비싸지 않고, 필터 또한 교체 주기가 짧지 않기 때문에 준비하기 부담스럽지 않을 거예요. 일반 면 마스크, KF 마스크, 방진 마스크는 가스 필터 효과가 없기 때문에 방독 마스크를 착용해야 합니다.

> **주의! 레진이 피부에 묻었다면?**
>
>
> 레진이 피부에 묻었다면 꼭 레진 클리너를 사용해 닦아주세요. 레진 클리너가 없는 경우 물 없이 베이킹 파우더와 '천연 성분'의 주방 세제를 섞어 레진의 끈적임이 없어질 때까지 닦아준 다음 흐르는 물에 씻어냅니다.

3. 레진을 버릴 땐 경화 후 쓰레기통에 버리기

액체 상태의 레진을 물에 흘려 버리면 해양을 오염시켜 해로운 효과를 발생시킬 수 있습니다. 액체 상태의 레진을 절대 물에 흘려보내거나 씻으면 안 됩니다. 레진은 경화한 다음 일반쓰레기로 버려주세요.

4. 직사광선 피해서 보관하기

직사광선이 닿지 않도록 보관해주세요. 레진 특성상 직사광선에 노출되면 보관 중에 약간 노랗게 변하는 황변 현상이 일어날 수 있습니다.

5. 어린이의 손에 닿지 않게 주의하기

레진아트는 화학 물질을 다루는 만큼 어린이가 하기에는 부적합한 취미입니다. 레진아트 용품은 아이의 손에 쉽게 닿지 않는 곳에 보관해주세요. 만약 어린이가 레진아트를 하고 싶어 할 경우에는, 꼭 보호자 감독 아래 안전한 작업 환경에서 안전 장비를 갖춰 진행할 수 있도록 지도해주세요.

레진아트 보조 도구

레진아트를 처음 시작할 때는 다양한 준비물이 필요합니다. 이번에 소개하는 도구들은 필수 준비물은 아니지만 한번 준비해두면 수월하게 작업할 수 있죠. 쉽게 대체할 수 있는 준비물들도 있기 때문에 주변에 비슷하게 사용할 수 있는 도구가 있는지 살펴보세요.

실리콘 컵/비커

재사용할 수 있는 실리콘 컵이나 비커는 레진을 계량하거나 2액형 레진의 주제와 경화제를 섞을 때 자주 사용합니다. 말랑한 실리콘 재질이기 때문에 재사용할 때에는 남은 레진이 모두 굳은 다음 뒤집어서 젖은 티슈로 레진 조각을 밀듯이 분리해 제거하거나, 테이프로 제거해주면 됩니다.

삼각 팔레트

UV레진을 조색하기 좋은 낮은 높이의 삼각 팔레트입니다. 얇지만 탄성이 살짝 있어 레진이 굳은 다음에 손으로 레진을 떼어내고 재사용할 수 있습니다.

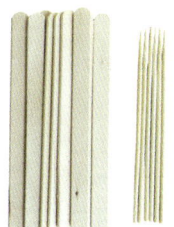

나무 막대, 이쑤시개

레진을 교반하거나 섬세한 작업을 할 때 사용하는 도구입니다. 레진이 모두 굳은 다음 제거한 후 계속 재사용할 수 있으며, 실리콘 막대를 사용해도 좋습니다.

실리콘 붓

크기나 모양에 따라 케이스같이 넓은 작업 면적에 레진을 펴 바르거나, 팔레트의 레진을 끌어모으거나, 섬세한 팁을 이용한 작업이 필요할 때 사용하기 좋은 도구입니다.

실리콘 매트

레진이 책상에 떨어져 굳으면 다시 떼어내기 어렵습니다. 특히 목재를 사용한다면 꼭 매트 위에서 진행해주세요. 실리콘 매트가 없다면 비닐을 대신 깔아 매트로 사용하셔도 좋습니다.

실리콘 테이프/투명 테이프/마스킹 테이프

실리콘 테이프와 투명 테이프는 금속 프레임을 작업할 때 프레임을 잡아주거나, 바닥이 없는 프레임에 레진을 채울 때 임시 바닥으로 많이 사용합니다.
마스킹 테이프는 일반 페인트 작업을 할 때처럼 테두리 부분에 붙인 후, 경화된 다음 떼어내면 테두리를 더 깔끔하게 작업할 수 있습니다.

실리콘 몰드

레진을 부으면 몰드의 모양대로 작품을 만들 수 있는 도구입니다. 대부분 실리콘으로 만들어졌지만, 간혹 플라스틱 재질의 몰드도 있습니다. 몰드의 재질이 유광인지 무광인지에 따라 작품의 광택이 달라집니다. 실리콘 몰드는 소모품이라 수명이 다하면 색이 변하고 모양이 바뀝니다. 수명이 다한 몰드를 사용할 경우 작품이 제대로 완성되지 않을 수 있으니 작업 전 몰드의 상태를 확인해주세요.

네일 공병

네일 공병에 UV레진을 소분해두면 내장된 솔을 이용해 소량을 접착용으로 바르거나 얇게 코팅하는 작업에 유용합니다. 네일 공병 중에서도 자외선이 차단되는 젤네일용 공병을 사용해야 합니다.

공예용 주사기

끝이 뭉툭한 공예용 주사기는 주로 워터쉐이커를 제작할 때 자주 사용합니다. 워터쉐이커용 몰드는 주사기가 들어가는 주입구가 있습니다. 일반 쉐이커 몰드를 사용할 경우 필름지에 주사기 바늘을 넣어 천천히 워터쉐이커를 채우고 레진으로 코팅하여 주입구를 막아줍니다.

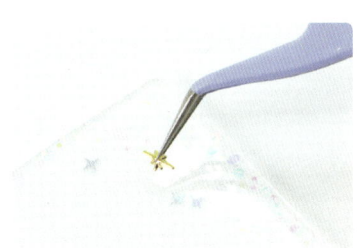

핀셋

작은 금속 파츠나 스티커 작업을 할 때 유용한 도구입니다. 끝이 뾰족해 파츠를 집기 쉬워 다용도로 사용됩니다.

글리터 스푼

글리터는 입자가 고와 손이나 핀셋으로 작업하기 어렵습니다. 작은 사이즈의 글리터 스푼을 사용하면 글리터의 양을 조절하기 쉬워집니다.

온열 코스터

겨울에 작업할 경우 레진의 온도가 낮아져 점도가 높아지고 정상적으로 굳지 않는 경우가 종종 발생합니다. 이때 온도를 따뜻하게 유지하는 온열 코스터 위에 레진을 담은 실리콘 컵을 올리면 레진의 온도를 올릴 수 있습니다. 중탕보다는 간편하기 때문에 겨울철에 유용한 도구입니다.

라이터

일반 라이터보다 캔들용 라이터를 추천합니다. 기포는 열기가 있으면 사라지는 특성이 있어 레진아트 작업 후 표면에 라이터 열을 살짝 스쳐주면 기포를 쉽게 제거할 수 있습니다. 하지만 실리콘 몰드에 라이터를 가까이 오래 대고 있으면 실리콘 몰드가 녹아 레진에 달라붙기 때문에 작품을 망칠 수 있고, 탈형하면서 몰드가 찢어지기도 하니 주의해주세요.

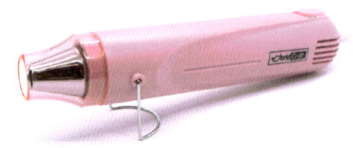

힛툴

따뜻한 바람이 나오는 드라이기 같은 도구로, 라이터와 마찬가지로 기포를 없애는 데 자주 사용하는 도구입니다. 넓은 면적의 기포를 없애거나 교반 전 컵 안에 있는 레진을 따듯하게 데울 때 유용합니다.

오링 반지

작은 틈이 있는 반지로, 엄지손가락에 끼우고 롱노즈를 사용해 오링을 반지 틈에 넣고 비틀면 오링을 쉽게 열고 닫을 수 있어 키링 작업 시 자주 사용하는 도구입니다.

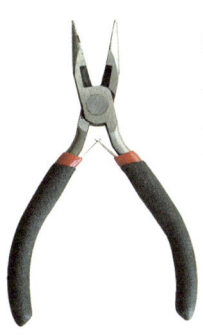

롱노즈

오링을 키링과 연결하는 작업을 할 때 주로 사용하는 도구입니다. 집게 안쪽으로 작은 날이 있어 불필요한 레진을 제거할 때 니퍼 대신 사용할 수도 있습니다.

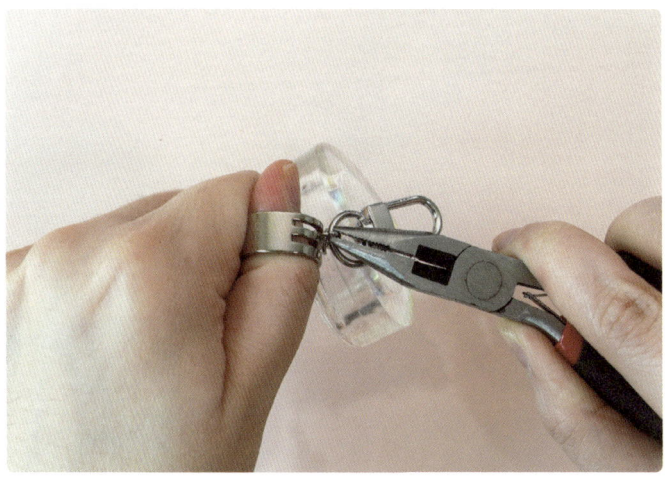

○ HOW TO

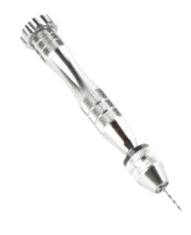

수동 드릴(핀바이스)

공예용 수동 드릴은 손잡이 끝부분을 손바닥으로 부드럽게 밀어주면서 드릴을 돌리면 원하는 곳에 구멍을 뚫을 수 있습니다. 돌리지 않고 손바닥으로 힘만 주어 밀면 바늘이 헛돌거나 공구 안으로 바늘이 들어갈 수 있으니 작품에 뚫기 전에 연습을 해주세요. 또 레진은 시간이 지날수록 더욱 단단해지기 때문에 수동 드릴로 구멍을 뚫을 땐 완성 후 하루가 지나기 전에 뚫는 편을 추천합니다.

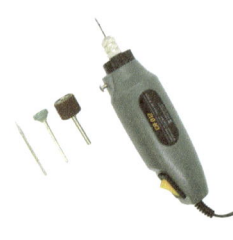

전동 소형 드릴

레진에 구멍을 뚫는 작업이 많을 경우 수동 드릴보다 전자동 드릴을 사용하는 편이 훨씬 편합니다. 가격이 높은 편이지만 레진을 갈아내는 그라인더와 광택을 내는 연마 도구 등 세트로 판매하는 경우가 많아 전문적으로 작업하신다면 추천합니다.

사포

사포는 레진의 날카로운 부분이나 거친 면을 다듬을 때 사용합니다. 사포 작업을 하면 레진 가루가 날리기 때문에 꼭 방진 마스크 착용해주세요. 방수 사포를 사용할 경우 사포에 물을 뿌리면 레진 가루가 덜 날립니다. 사포질 후 불투명해진 부분은 레진을 다시 얇게 코팅하면 투명해집니다.

네일파일

작고 날카로운 부위를 사포질하는 경우엔 사포보다 네일파일이 더 유용합니다. 레진 가루가 날리기 때문에 작업 전 물티슈를 깐 다음 꼭 방진 마스크를 착용하고 작업해주세요. 사포질 후 불투명해진 부분은 레진을 다시 얇게 코팅하면 투명해집니다.

식물성 에탄올

끈적이는 레진이 묻은 곳을 닦아내고 싶을 때 식물성 에탄올을 사용하면 쉽게 제거할 수 있습니다. 하지만 피부에 묻은 레진을 닦아낼 경우엔 사용 후 수분 보충을 충분히 해주세요.
일반 에탄올도 책상이나 몰드를 닦아낼 땐 유용합니다. 단, 피부에 사용할 경우에는 손 소독제 같은 화학성분이 들어간 에탄올이라면 레진이 피부에 스며드는 걸 촉진시키는 역할을 할 수 있으니 주의해주세요.

레진아트 조색

레진아트를 할 때는 다양한 색을 내기 위해 조색제를 사용합니다. 조색제 각각의 특성이 다양하고 장단점이 뚜렷하기 때문에 원하는 디자인에 맞는 색을 내려면 조색제에 대해 자세하게 알아야 합니다. 사용하는 레진의 종류를 고려하여 조색제를 선택해주세요. 또 모든 조색제는 너무 많이 넣지 않도록 주의해주세요.

1. 레진아트 전용 착색 재료

레진 전용 조색제에도 다양한 형태와 성분의 조색제가 있습니다.
대표적인 재료를 소개합니다.

레진 전용 액상 조색제

레진 전용 액상 조색제는 뭉침 없이 레진에 잘 섞입니다. 투명한 색감부터 불투명한 색까지 다양한 색을 낼 수 있는 조색제가 있죠. 또 파스텔 색상 조색제도 따로 있어 풍부한 색감을 연출할 수 있습니다. 농도에 따라 레진 색감을 조절할 수도 있으며 물감과 마찬가지로 색상을 섞어서 사용할 수 있습니다.

컬러 잉크(알코올 잉크)

알코올 성분이 들어가 특수한 효과를 내는 데 특화된 컬러 잉크 조색제는 레진에 섞어서 사용해도 뭉침이 없고 자연스러운 효과를 낼 수 있습니다. 다만 자외선에 노출이 되면 푸른빛의 색감이 변색되거나 색이 옅어지는 특징을 지니고 있습니다.

○ HOW TO

컬러 파우더(안료형 조색제)

액상 조색제 이외에 파우더 형식으로 나오는 안료형 조색제입니다. 가루형이기 때문에 뭉쳐서 가라앉을 수 있으니 액상 조색제보다 더 꼼꼼하게 섞어야 합니다. 일반 액상 조색제보다 가격이 저렴해 부피가 큰 작품을 작업할 때 많이 쓰이며, 불투명하고 진한 색감을 내기 좋습니다. 특히 펄 파우더 제품은 글리터를 넣지 않아도 안료 자체에 펄 가루가 들어 있어 인기가 많습니다.

2. 다양한 조색 재료

레진 전용 조색제 외에도 다양한 조색 도구를 사용하여 색을 표현할 수 있습니다. 대표적인 재료를 소개합니다.

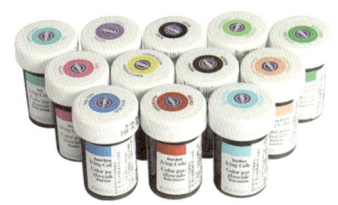

식용 색소

레진 전용 액상 조색제와 같이 레진에 소량 섞어 사용합니다. 다만 레진 전용 조색제가 아니라서 약간의 변색이 있을 수 있습니다. 또 식용 색소는 워터쉐이커를 제작할 때 들어가는 정제수나 글리세린을 조색할 때도 사용합니다.

파스텔

파스텔을 사포로 아주 얇게 갈면 파우더형(안료형) 조색제처럼 사용 가능합니다. 완벽하게 레진에 섞이지 않고 작은 이물질이 남을 수도 있단 단점도 있지만 쉽고 저렴하게 구하기 쉬운 재료 중 가장 추천하는 조색 재료입니다.

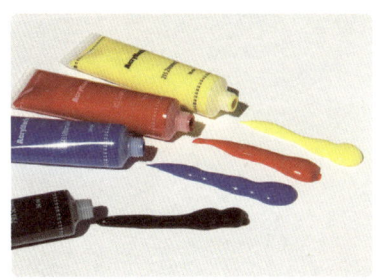

아크릴 물감

일부 아크릴 물감도 레진에 잘 섞으면 불투명하고 진한 색감을 표현할 수 있습니다. 다만 레진에 완벽하게 섞이지 않아 이물질이 많이 남기 때문에 아크릴 물감을 사용할 때는 진하게 조색하여 이물질이 안 보이게 사용하는 방법을 추천합니다.

추천 색상 팔레트

색상 조합이 어렵다고 느껴진다면 추천하는 색상 팔레트를 참고해보세요. 더 나아가 사진에서 컬러 팔레트를 추출하여 색을 조합하면 좋아하는 영화, 애니메이션, 연예인의 콘셉트를 담은 나만의 굿즈를 만들 수 있습니다.

파스텔 색상 조합 팔레트

비비드 색상 조합 팔레트

STEP 2
DIY 레진아트

레진아트를 처음 접하거나, 곰손이라고 좌절하는 사람들도 모두 누구나 쉽게 따라 만들 수 있도록 자세하게 설명한 레진아트 길라잡이! 작은 액세서리부터 커다란 생활소품까지 다양한 아이템들로 꽉 채워 넣었으며, 난이도에 따라 자신에게 맞는 수준의 작품을 선택할 수 있습니다. 차근차근 한 단계씩 따라 하다 보면 완성도 높은 작품을 만들 수 있어요. 즐거운 레진아트 세계로 출발해봅시다!

CLEAR 투명을 담은 레진아트

커다란 보석이 블링블링
리본 이어폰 케이스

LEVEL

투명 이어폰 케이스에 커다란 보석 파츠 하나만 달아주어도 나만의 특별한 DIY 이어폰 케이스가 되지요. 자신의 취향에 맞는 색과 파츠를 골라 꾸며 나만의 특별한 이어폰 케이스를 만들어보세요.

Ready
준비물

UV레진

곰돌이, 왕관,
리본 모양 몰드

에어팟 케이스
(실리콘 재질 제외)

오로라 조각 글리터

꾸미기 알파벳 스티커

【 보조 도구 】
UV램프,
매니큐어 공병,
핀셋, 라이터

How to make
만드는 법

1. 몰드에 투명한 UV레진을 반 정도 채운 후 경화합니다. UV램프 2분 경화

2. 몰드에 UV레진을 조금 더 채우고 오로라 조각 글리터를 핀셋으로 바닥 쪽에 적절히 배치합니다. 그리고 몰드 가득 UV레진을 채워주세요. UV램프 2분 경화

 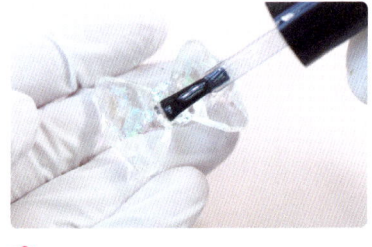

③ 레진이 경화됐다면 몰드에서 조심스럽게 빼주세요.

Tip!
완성된 파츠가 끈적인다면 램프에 1분 정도 더 경화하거나 햇빛 아래 반나절 정도 말려줍니다.

④ 파츠 뒷부분 접착면에 네일 솔로 UV레진을 아주 얇게 펴 바릅니다.

 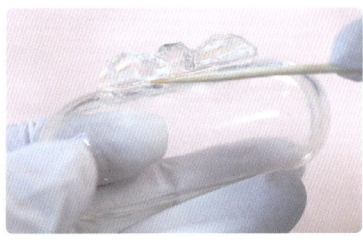

⑤ 리본 파츠를 이어폰 케이스 뚜껑 앞부분의 원하는 곳에 자리를 잡습니다. 손으로 파츠와 케이스를 잡은 상태에서 경화합니다.
UV램프 1분 경화

⑥ 리본 파츠와 이어폰 케이스 사이에 벌어진 틈을 고점도 UV레진으로 메꾼 후 한 번 더 경화합니다. 이때 틈 없이 메꿔야 파츠가 떨어지지 않습니다. UV램프 3분 경화

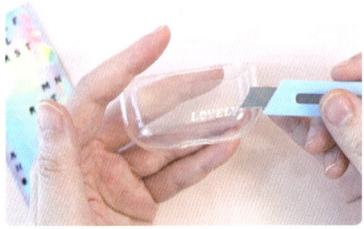 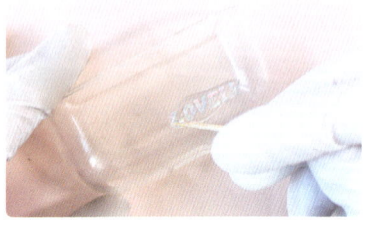

⑦ 케이스 아래 부분에는 알파벳 스티커로 꾸며봐도 좋아요.

⑧ 스티커가 금방 떨어지지 않도록 스티커 위에 고점도 UV레진을 덧바르고 기포를 제거한 후 경화합니다. UV램프 3분 경화

고급스러운 투명 파츠가 한가득
투명 몰딩 핸드폰 케이스

LEVEL
★★★★☆

좋아하는 모양으로 만든 투명 파츠로 나만의 핸드폰 케이스를 만들어보세요. 이 작품은 투명 파츠가 포인트이기 때문에 기포 제거에 특히 신경 써주세요.

Ready
준비물

UV레진

핸드폰 하드 케이스

디테일 장식 몰드

[보조도구]
UV램프, 이쑤시개,
실리콘 붓, 사포

Tip!
레진아트 작업용으로는 하드 케이스나 TPU 소재의 젤리 케이스를 추천합니다. 실리콘 소재는 작업이 불가능합니다.

How to make
만드는 법

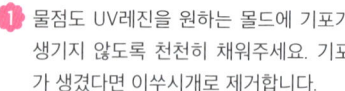 물점도 UV레진을 원하는 몰드에 기포가 생기지 않도록 천천히 채워주세요. 기포가 생겼다면 이쑤시개로 제거합니다.

Tip!
UV레진을 몰드에 채울 때는 몰드의 구석부터 천천히, 몰드를 전체적으로 채운다는 느낌으로 넣으면 기포가 생기는 걸 방지할 수 있습니다.

② 다양한 몰드에 UV레진을 끝까지 채우고 경화해주세요. UV램프 3분 경화

Tip!
불투명한 몰드는 UV램프의 빛이 잘 투과되지 않아 사용을 추천하지 않지만, 조색제 없이 투명 UV레진을 사용하고 얇은 두께로 작업하는 경우에는 무리 없이 사용할 수 있습니다.

③ 작업하는 표면이 매끄러울수록 파츠가 잘 떨어지기 때문에 사포를 사용하여 파츠를 올릴 핸드폰 케이스의 표면을 거칠게 갈아주세요.

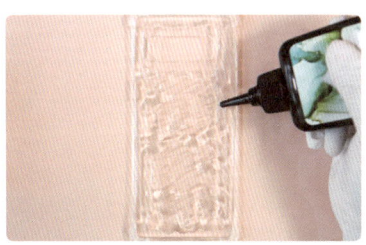

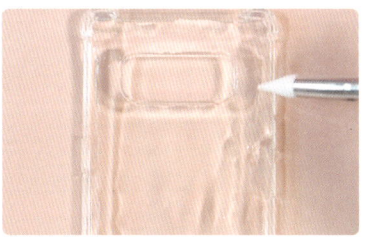

④ 사포로 표면을 갈아낸 케이스 면에 전체적으로 중점도 이상의 레진을 도포해주세요. 점도가 너무 묽으면 케이스 아래로 레진이 흘러내리니 주의하세요.

⑤ 실리콘 붓을 사용하여 레진을 고루 펴 발라줍니다.

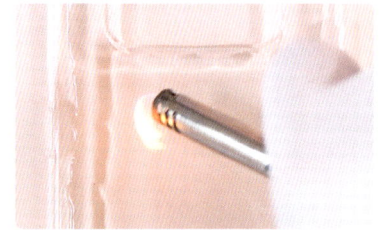 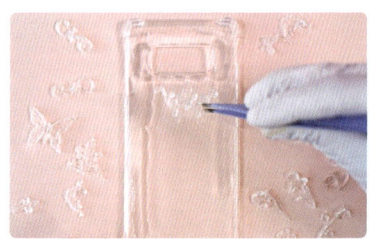

6 파츠를 올리기 전에 라이터를 사용하여 기포를 제거합니다.

7 미리 만든 파츠들을 원하는 위치에 배치해주세요. 레진 위에서 파츠의 위치를 수정을 하려면 도포 작업부터 다시 해야 하니 레진 위에 올리기 전에 미리 배치를 구상하면 좋습니다.

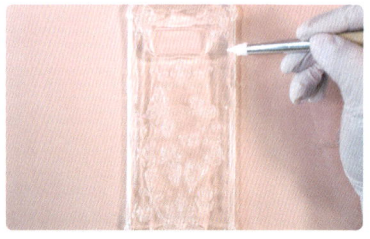 

8 케이스 위에 파츠를 배치했다면, 실리콘붓으로 파츠 테두리와 케이스 사이 틈을 레진으로 꼼꼼히 채워줍니다.

9 라이터와 힛툴을 사용하여 전체적으로 기포를 제거한 후 경화합니다.
UV램프 3분 경화

글리터가 반짝반짝
투명 유리구슬 귀걸이

LEVEL

간단하면서도 레진아트의 투명한 아름다움이 한껏 드러나는 구슬 귀걸이입니다. 동그란 구슬 안에 어떤 글리터를 넣는지에 따라 달라지는 결과물을 확인해보세요.

Ready
준비물

UV레진

미니 구 몰드

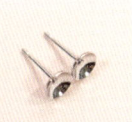
둥근 컵 모양 귀걸이 부자재

레인보우 글리터

【 보조도구 】
UV램프, 핀셋, 롱노즈

How to make
만드는 법

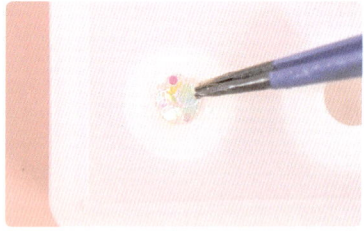

1 귀걸이 파츠로 사용하기 적당한 크기의 미니 구 몰드에 UV레진을 80%가량 채워 넣습니다. UV램프 2분 경화
1차 경화가 끝나면 몰드 앞면과 뒷면을 한 번 더 경화합니다. UV램프 1분 경화

2 몰드 안에 글리터를 소량 넣고 그 위에 UV레진을 몰드 끝까지 채웁니다.
 UV램프 2분 경화

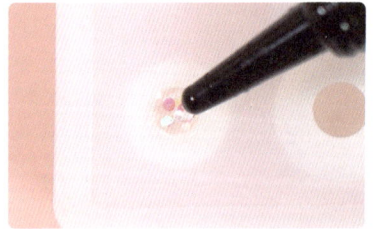

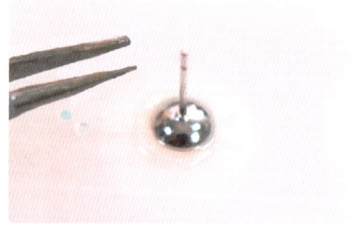

3 귀걸이 부자재를 접착하기 위해 굳은 레진 위에 UV레진을 소량 올려주세요.

4 레진 위로 컵모양의 귀걸이 부자재 파츠를 얹어 경화합니다. UV램프 1분 경화
1차 경화가 끝나면 몰드 위아래를 뒤집어 한 번 더 경화합니다. UV램프 2분 경화

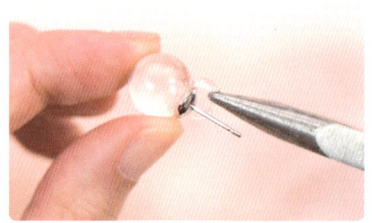

5 몰드에서 경화가 끝난 파츠를 탈형합니다. 귀걸이 부자재와 구슬 파츠 사이에 지저분하게 굳은 레진은 롱노즈를 사용하여 제거해주세요.

홀로그램 글리터가 영롱

투명 카드 케이스

LEVEL
★★★★☆

홀로그램 글리터가 반짝이면서 사진이나 카드를 한층 더 빛나게 만들어주는 카드 케이스입니다. 스티커를 직접 붙이지 않고 케이스 위에 꾸며서 사진이나 카드를 깨끗하게 보관할 수 있는 실용적인 아이템입니다.

Ready
준비물

2액형 레진   UV레진   카드 케이스 몰드   레인보우 글리터

【 보조도구 】
UV램프, 네일 공병,
이쑤시개, 라이터,
사포

홀로그램 별빛 글리터

How to make
만드는 법

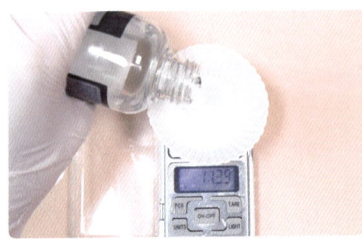 

❶ 2액형 레진의 주제와 경화제를 비율에 맞춰 준비한 후, 꼼꼼히 섞이도록 3분간 잘 저어줍니다.

❷ 주제와 경화제를 섞어둔 컵에 레인보우 글리터를 적당히 넣어주세요.

○ CLEAR 투명을 담은 레진아트

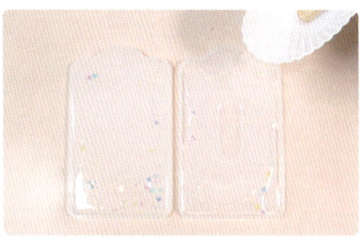

Tip!
폴라로이드 사진 케이스 용도로 작업한다면 글리터가 사진을 가리지 않도록 주의해주세요. 앞면 몰드의 테두리 부분에만 글리터를 얹어야 나중에 사진을 가리지 않습니다.

③ 카드 케이스 몰드 중 앞면의 가운데 부분에는 투명 레진을, 테두리 부분에는 글리터 레진을 번갈아 부어주세요.

④ 취향에 따라 홀로그램 별빛 글리터를 곳곳에 배치해 장식합니다.

⑤ 표면에 있는 기포는 라이터로 제거합니다. 약 30분 정도 방치한 뒤, 표면으로 올라온 기포들은 이쑤시개로 들어올려서 다시 한번 제거합니다.

⑥ 2액형 레진을 완전히 경화합니다.
2액형 레진 경화

⑦ 경화가 완료되면 조심스럽게 탈형해주세요.

8 뒷면에 툭 튀어나온 앞면과의 연결 부위를 사포로 살짝 갈아주어 표면을 거칠게 만듭니다. UV레진이 잘 스며들 수 있도록 하는 작업이에요.

9 카드와 파츠의 사이 빈 틈이 있다면 솔을 이용해 UV레진으로 꼼꼼히 채워줍니다.

10 앞면과 뒷면을 합친 후 경화합니다.   UV램프 1분 경화

청량한 하트 바다를 헤엄치는
돌고래 하트 키링

LEVEL

맑고 투명한 레진의 장점을 극대화한 통통한 하트 돌고래 키링입니다. 이번엔 식품용 초콜릿 몰드를 사용해볼 거예요. 식품용 몰드는 쉽게 구할 수 있다는 장점이 있지만 한 번 레진아트로 사용했다면 다시 식품용으로 사용하지 않도록 주의해주세요.

Ready
준비물

| 2액형 레진 | UV레진 | 하트 초콜릿 몰드 | 레진 조색제(그린) |

| 돌고래 글리터 | 반짝이 글리터 | 9핀 | 볼체인 |

【 보조도구 】
UV램프, 네일 공병,
라이터, 핀바이스,
롱노즈

How to make
만드는 법

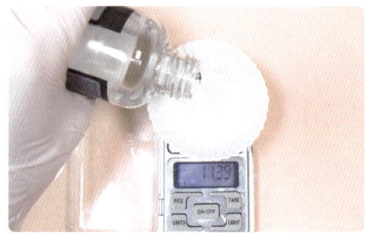

❶ 2액형 레진의 주제와 경화제를 비율에 맞춰 준비힌 후, 잘 섞이도록 꼼꼼히 3분간 저어줍니다.

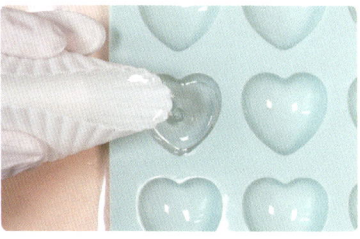 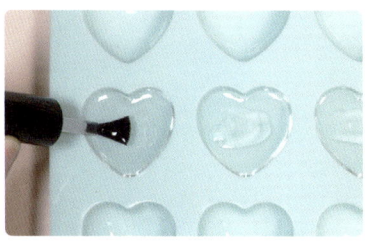

❷ 하트 몰드에 2액형 레진을 2/3 정도 채운 후 경화합니다. 2액형 레진 경화

❸ 단단히 경화되었다면 가운데 부분에 솔을 사용하여 UV레진을 살짝 발라줍니다.

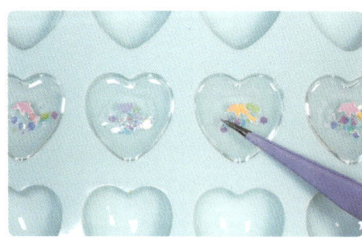 

❹ 살짝 바른 UV레진 위에 돌고래 글리터와 반짝이 글리터를 취향에 따라 배치합니다. 돌고래 주위에 반짝이 글리터를 배치하면 깊은 바다를 헤엄치던 돌고래가 수면 위로 튀어오른 순간 흩어지는 바다 거품이 햇빛에 반짝이는 효과를 연출할 수 있어요. UV램프 3분 경화

 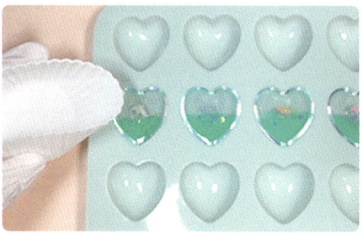

❺ 2액형 레진에 에메랄드빛이 나는 그린 조색제를 섞어 푸른 바다색을 제작합니다. 얕은 바다의 옅은 색이든, 깊은 바다의 짙은 색이든 마음에 드는 색으로 조색해 사용해도 좋습니다.

❻ 하트의 위쪽에는 투명 레진을, 밑쪽에는 바다색 레진을 부어주세요. 단 투명 레진과 바다색 레진을 번갈아 가면서 조금씩 부어주어야 지평선을 표현할 수 있어요.

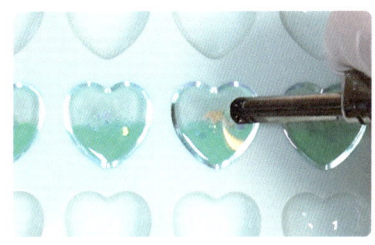 

7 라이터를 사용해 기포를 제거한 후 2액형 레진이 경화될 때까지 기다립니다.
2액형 레진 경화

8 레진이 단단하게 완전히 굳었다면 탈형합니다.

 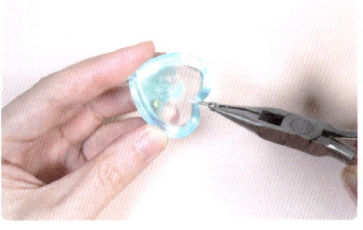

9 핀바이스를 사용해서 하트 키링 상단에 구멍을 뚫어줍니다.

10 9핀 끝에 UV레진을 살짝 묻힌 다음에 구멍에 돌려가며 넣어줍니다.
단단히 고정시킨 후 UV램프로 경화해주세요. UV램프 1분 경화

11 고정된 9핀에 볼체인을 연결합니다.

빛에 따라 색이 변하는
홀로그램 하트쉐이커 키링

LEVEL

하트쉐이커는 취향에 맞는 내용물 파츠를 넣어 굉장히 다양한 콘셉트로 꾸밀 수 있어 인기가 많은 키링입니다. 이번 작품은 홀로그램 콘셉트로, 빛에 따라 영롱하게 색이 바뀌는 매력적인 쉐이커 키링입니다.

Ready
준비물

2액형 레진　　　UV레진　　　하트쉐이커 몰드　　　레인보우 필름지

OHP 필름지　　　쉐이커 내용물 파츠들　　　꾸미기 스티커　　　9핀
　　　　　　　　(보석 홀로그램 파츠,
　　　　　　　　구슬 파츠)

【 보조도구 】
UV램프, 네일 공병,
사포, 펜, 가위,
핀바이스, 힛툴,
오링 반지, 롱노즈

D고리 키링 부자재

How to make
만드는 법

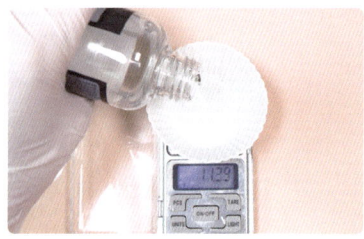

1 2액형 레진의 주제와 경화제를 비율에 맞춰 준비한 후, 잘 섞이도록 꼼꼼히 3분간 저어줍니다.

 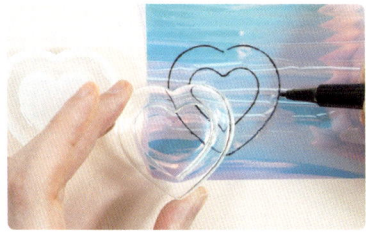

❷ 2액형 레진을 몰드의 반 정도 채우고 경화될 때까지 기다립니다.
    2액형 레진 경화

❸ 레인보우 필름지의 보호 필름이 있는 앞면에 하트쉐이커를 대고 테두리를 따라 그려줍니다. 그다음 그린 선 안쪽으로 원단지를 자른 후 보호 필름을 제거합니다.

❹ 하트쉐이커 몰드에 1mm 정도 얇게 2액형 레진을 다시 부어주세요.

❺ 기포가 최대한 생기지 않도록 준비한 레인보우 필름지를 조심스럽게 바닥 부분으로 밀어 넣어주세요.

❻ 2액형 레진을 끝까지 부어 남은 부분을 모두 채운 후 경화합니다. 2액형 레진 경화

❼ 레진이 완전히 경화되었다면 탈형합니다.

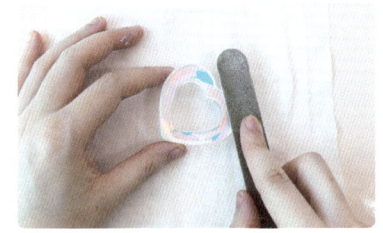 

8 레진의 날카로운 부분이나, 고르지 못한 부분이 있다면 사포로 갈아 다듬어주세요. 틀의 앞면과 뒷면도 사포로 갈아 거칠게 만들어줍니다. 이 부분에 OHP 필름지를 붙일 거예요.

9 틀 위에 투명 OHP 필름지를 덮은 후 하트 틀을 본떠 그려주세요. 하트를 그린 펜 선 안쪽으로 가위를 사용해 잘라 준비해주세요.

10 네일 솔을 이용해 UV레진을 뒷면 틀 부분에 얇게 펴 발라주세요.

11 9에서 준비한 OHP 필름지를 덮어 고정시킨 후 경화합니다. **UV램프 1분 경화**

Tip!
도밍 작업은 고점도 레진을 사용할수록 표면장력이 세지기 때문에 작업하기 수월합니다. 또 도밍 작업에 UV레진을 사용해도 괜찮지만, 2액형과 UV레진은 완벽하게 붙지 않을 수 있기 때문에 틀을 2액형 레진으로 작업했을 경우에는 2액형 레진으로 도밍 작업을 하는 것을 추천합니다.

12 2액형 레진을 얹어 도톰하게 코팅하는 도밍 작업을 해주세요. 표면장력을 사용해서 레진이 아래로 흐르지 않을 정도로 덮어주면 됩니다. 기포가 생겼을 경우 라이터를 사용하여 제거한 다음 2액형 레진이 경화될 때까지 기다립니다. **2액형 레진 경화**

🌸13 뒷면 경화가 완료되면 쉐이커 안쪽에 홀로그램 콘셉트와 어울리는 다양한 파츠를 넣어주세요. 비눗방울 파츠같이 자잘한 파츠를 넣으면 흔들었을 때 더욱 풍부한 소리가 나요.

🌸14 쉐이커 내용물을 다 채웠으면, 🌸11과 마찬가지로 미리 잘라둔 OHP 필름지를 UV레진으로 고정한 후 경화합니다.
  UV램프 1분 경화

🌸15 하트쉐이커 앞면에 다양한 스티커와 파츠를 활용하여 자신만의 쉐이커를 꾸며주세요.

🌸16 🌸12과 같이 꾸미기를 끝낸 앞면도 꼼꼼하게 도밍 작업을 해줍니다. 작업이 끝나면 2액형 레진이 경화될 때까지 기다립니다.
  2액형 레진 경화

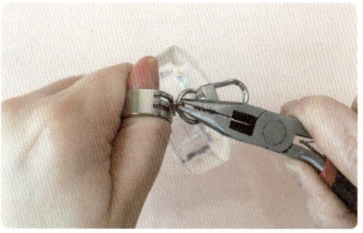

🌸17 앞면의 경화까지 완료되었다면 키링 작업에 들어갈 차례입니다. 핀바이스를 사용해서 쉐이커 상단에 구멍을 뚫은 후 UV레진을 묻힌 9핀을 구멍 안에 넣어주세요.
  UV램프 3분 경화

🌸18 9핀에 D고리 키링을 연결합니다.

햇빛 아래 반짝이는

홀로그램 나비 선캐처

LEVEL

레진을 사용해서 나만의 독특한 선캐처를 제작해봅니다. 각이 많이 진 몰드와 레인보우 필름지, 홀로그램 파우더를 활용하면 더욱 영롱하게 반짝이는 선캐처를 만들 수 있어요.

Ready

준비물

2액형 레진

UV레진

나비 몰드

보석 몰드

홀로그램 파우더

레인보우 필름지

9핀

D고리 키링 부자재

【 보조도구 】
UV램프, 펜, 가위,
라이터, 핀바이스,
오링 반지

Tip!

선캐처는 햇빛에 계속 노출되는 아이템이기 때문에 레진 특유의 노랗게 변하는 황변 현상이 빨리 옵니다. 황변에 강한 레진을 사용하는 것을 추천해요. 혹은 투명하게 제작하기보다 색을 넣어 제작한다면 작품이 노랗게 변하는 것을 방지할 수 있습니다.

How to make

만드는 법

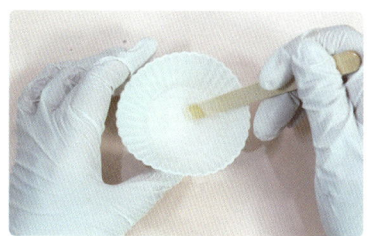

1. 2액형 레진을 주제와 경화제를 꼼꼼히 섞은 다음 홀로그램 파우더를 조금 넣고 잘 섞이도록 다시 한번 3분간 저어줍니다.

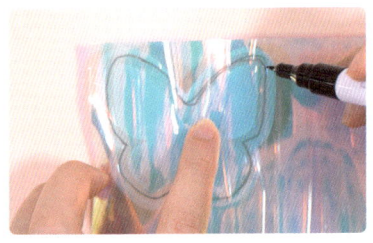

2 구슬 몰드와 다양한 보석 몰드에 투명 레진을 채워주세요. 취향에 따라 선캐처 참으로 만들고 싶은 몰드를 다양하게 사용해도 좋습니다. **2액형 레진 경화**

3 레인보우 필름지를 나비 몰드 위에 대고 펜으로 따라 그려주세요. 그다음 선 안쪽으로 필름지를 잘라 준비합니다.

4 나비 몰드 절반 정도를 2액형 레진으로 채워주세요. 3에서 준비한 레인보우 필름지를 기포가 최대한 생기지 않도록 조심스럽게 몰드 바닥으로 밀어 넣습니다. 그다음 다시 몰드에 레진을 끝까지 채운 후 2액형 레진이 경화될 때까지 기다립니다. **2액형 레진 경화**

5 경화가 완료된 파츠들을 모두 탈형합니다. 완성된 파츠들의 위아래에 핀바이스로 구멍을 뚫어주세요.

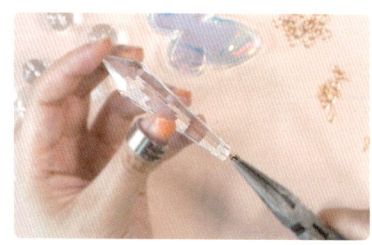

6 구멍에 9핀을 연결하고 고점도 UV레진을 사용해 튼튼히 고정합니다.
UV램프 3분 경화

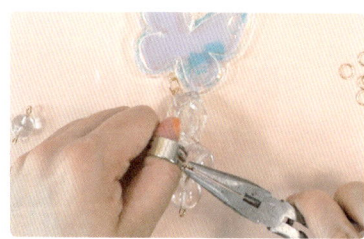

7 파츠에 고정한 9핀들을 일자로 길게 연결합니다. 맨위 파츠에는 D고리 키링 부자재를 사용하여 후크를 달아 선캐처를 걸어둘 수 있게 만들어주면 완성입니다.

나만의 작은 앤티크 액자
압화 펜던트 목걸이

LEVEL ★☆☆☆☆

앤티크한 중세풍 압화 펜던트 목걸이를 제작해보겠습니다. 핸드메이드 목걸이를 제작할 때 레진은 정말 유용하지요. 다양하게 활용해서 나만의 목걸이를 만들어보세요.

Ready
준비물

UV레진   레진 조색제(화이트)   액자 펜던트   목걸이 부자재

압화   오링

【 보조도구 】
UV램프, 핀셋,
가위, 실리콘 붓,
롱노즈

Tip!
생화를 사용할 경우 완전히 건조시켜서 사용해주세요. 건조가 덜 된 꽃을 사용할 경우 레진 코팅 후 변색될 수 있습니다.

How to make
만드는 법

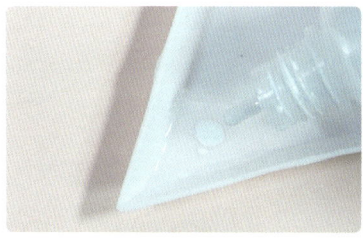 

❶ UV레진에 화이트 조색제를 섞어 배경색을 만들어줍니다.

❷ 액자 팬던트 안쪽으로 하얀색으로 조색한 UV레진을 채워주세요. 레진을 가득 채울 경우 레진 안쪽이 경화가 잘 안 될 수 있으니 얕게 채워야 합니다. **UV램프 1분 경화**

3 완전히 건조한 압화를 사용할 크기로 다듬어 잘라주세요.

4 펜던트 위에 솔을 이용해 UV레진을 얇게 펴 발라주세요.

5 3에서 준비한 압화를 팬던트 속에 예쁘게 배치해주세요. 경화하기 전, 압화 위에 UV레진을 얇게 펴 발라주면 도밍 작업 시 기포가 생기는 것을 최소화할 수 있습니다. UV램프 1분 경화

6 팬던트 틀 안에 고점도 UV레진을 도톰하게 올려주세요. 표면장력을 활용하여 레진이 아래로 흘러내리지 않도록 뾰족한 도구를 사용하면 좋습니다.

7 라이터를 사용해서 표면에 올라온 기포를 없앤 후 경화합니다. UV램프 3분 경화

8 경화가 완료되면 오링을 목걸이 줄에 이어서 완성합니다.

손가락 사이로 피어나는 봄

투명 압화 반지

LEVEL

작은 사이즈의 압화는 레진 액세서리에 다양하게 활용되지요. 알록달록한 압화를 사용해서 무지개 빛깔의 투명 반지를 만들어봅시다.

Ready
준비물

UV레진 (물점도)

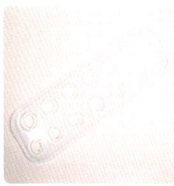
반지 몰드

미니 압화 파츠

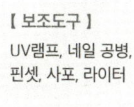
【 보조도구 】
UV램프, 네일 공병, 핀셋, 사포, 라이터

How to make
만드는 법

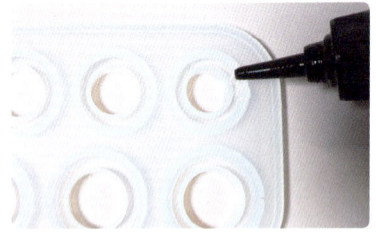

① 물점도 UV레진을 몰드 끝 부분에서부터 기포가 생기지 않도록 천천히 흘려 넣어 채워주세요.

② 압화에 미리 UV레진을 발라주세요. 압화가 레진 안에 들어갈 때 꽃 사이에 기포가 생기는 걸 방지할 수 있어요.

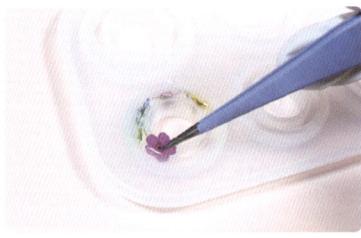

③ 레진을 바른 압화를 반지 몰드 안쪽에 넣어 배치해주세요. 이때 압화가 찢어지지 않도록 조심해야 해요. UV램프 3분 경화

④ 경화가 완료되면 탈형해주세요.

⑤ 몰드 윗부분으로 레진이 넘쳐서 지저분하게 굳은 부분은 사포로 갈아냅니다.

⑥ 사포로 갈아내어 표면이 불투명해진 부분은 UV레진을 다시 한번 발라 경화합니다.
UV램프 3분 경화

싱그러운 꽃밭을 담은

투명 압화 빗

LEVEL
★☆☆☆☆

싱그러운 꽃이 예쁜 데다, 실용성도 높고 제작도 간편한 투명 압화 빗을 만들어보아요. 투명한 레진과 드라이플라워는 매우 잘 어울려 쉽게 완성도 높은 작품을 제작할 수 있지요. 선물용으로도 아주 좋습니다.

Ready
준비물

2액형 레진   빗 몰드   풀잎 압화   안개꽃 압화

【 보조도구 】
이쑤시개, 핀셋

레이저 홀로그램 글리터,
홀로그램 별빛 글리터

How to make
만드는 법

1 2액형 레진의 주제와 경화제를 비율에 맞춰 준비해주세요. 주제와 경화제가 잘 섞이도록 꼼꼼히 3분간 저어줍니다.

2 빗 몰드 한쪽 끝에서부터 2액형 레진을 채워주세요. 얇은 몰드라 넘치지 않도록 적당히 채우는 게 포인트입니다. 몰드 끝부분에 기포가 생기진 않았는지 꼼꼼히 확인합니다. 기포가 있다면 이쑤시개로 기포를 표면으로 들어올려 터트려주세요.

③ 취향에 따라 핀셋으로 풀잎과 안개꽃 압화를 예쁘게 배치합니다.

④ 원한다면 글리터를 추가해도 좋습니다. 다 꾸몄다면 레진이 굳을 때까지 기다려 줍니다. 2액형 레진 경화

⑤ 경화가 완료되면 탈형해주세요.

햇살 아래 활짝 피어난
꽃송이 문진

LEVEL
★★★☆☆

생화를 드라이플라워로 만들어 꽃송이를 온전히 투명한 레진에 담아 만드는 문진입니다. 기포가 없이 투명할수록 작품의 완성도가 올라가기 때문에 기포를 없애는 데 신경 써주세요.

Ready
준비물

2액형 레진

UV레진

3D 구 몰드

드라이플라워

【 보조도구 】
UV램프, 실리콘 붓,
가위, 롱노즈, 사포,
힛툴

Tip!
생화를 드라이플라워로 만드는 방법

준비물 : 생화, 실리카겔(드라이플라워용 제습제), 커다란 밀폐용기,
　　　　안전 장비(보호 안경, 장갑, 마스크)

① 커다란 밀폐용기 안에 드라이플라워용 실리카겔을 충분히 깔고, 생화가 서로 붙지 않게 띄엄띄엄 떨어트려서 넣어주세요.

② 꽃 위로 실리카겔을 충분히 덮어주세요. 이 상태로 꽃의 수분이 충분히 날아가도록 약 2주 정도 방치합니다. 오랜 시간 충분히 두어야 꽃이 변색되지 않고 자연스럽게 건조됩니다.

③ 시간이 지나면 실리카겔의 색이 변하면서 꽃이 건조됩니다. 건조가 완료된 꽃은 부서지기 쉬우니 조심히 다뤄주세요. 실리카겔은 가열해서 건조하면 재사용이 가능합니다.

How to make
만드는 법

1. 2액형 레진의 주제와 경화제를 비율에 맞춰 꼼꼼하게 섞어주세요.

2. 실리콘 붓으로 꽃 표면에 2액형 레진을 미리 발라주세요. 꽃은 표면이 일정하지 않고 안쪽에 공기층이 생겨 기포가 많이 생길 수 있기 때문에 레진으로 꽃을 미리 코팅해주세요. **2액형 레진 경화**

Tip!
레진에 꽃을 넣기 위해선 수분기가 완전히 없어야 합니다. 수분이 남아 있다면 레진 안에서 꽃이 변색되기 때문에 꼭 완전히 마른 드라이플라워를 사용해주세요.

3. 꽃 표면에 바른 2액형 레진이 경화되면 꽃 안쪽에 기포가 생기지 않도록 UV레진을 채워주세요. **UV램프 3분 경화**

4. 3D 구 몰드의 하단 몰드에 1/3 정도 높이로 2액형 레진을 채워주세요. 기포가 생겼다면 꼼꼼하게 제거해주세요.

5. 꽃을 몰드에 넣기 전 마지막으로 기포가 생기지 않도록 2액형 레진을 꽃 안쪽에 먼저 부어줍니다. 그다음 3D 구 몰드의 하단 몰드에 꽃을 뒤집어서 자리를 잡아주세요.

6. 꽃이 자리를 먼저 잡을 수 있도록 3D 구 몰드의 하단 몰드를 끝까지 채워 경화시켜주세요. `2액형 레진 경화`

7. 구 하단 몰드가 경화되었다면, 3D 구 상단 몰드를 조립한 다음 꽃이 끝까지 잠길 때까지 2액형 레진을 채워주세요. 3D 구 상단 몰드를 끝까지 채우지 않고 몰드에 여유를 남겨주어야 바닥이 평평해 문진을 세워둘 수 있습니다. `2액형 레진 경화`

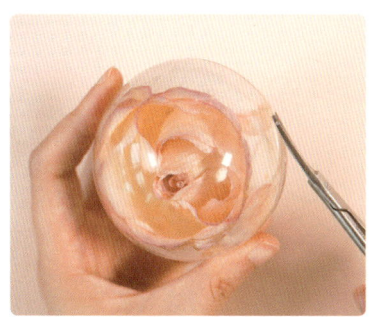

8. 경화가 완료되었으면 탈형 후, 몰드 이음선에 튀어나온 레진을 가위로 잘라 다듬어주면 완성입니다.

PASTEL 파스텔을 담은 레진아트

고급스러운 마블링이 일렁이는
대리석 무늬 코스터

LEVEL
★★★☆☆

마블링 기법을 활용하여 불규칙적인 대리석 무늬 코스터를 제작해봅시다. 마블링 기법은 코스터뿐만 아니라 다른 작품에도 모두 잘 어울려 다양하게 활용할 수 있어요.

Ready
준비물

2액형 레진

UV레진

코스터 몰드

펄 파우더(화이트, 골드)

글리터 펄(실버)

알파벳 스티커

【보조도구】
UV램프, 실리콘 붓,
라이터, 이쑤시개,
네일 공병

How to make
만드는 법

① 2액형 레진에 주제와 경화제를 비율에 맞게 준비하고 화이트 펄 파우더를 넣어 3분간 충분히 섞어줍니다.

Tip!
펄 파우더가 없다면 화이트 조색제만 사용해도 깔끔한 배경을 제작할 수 있습니다.

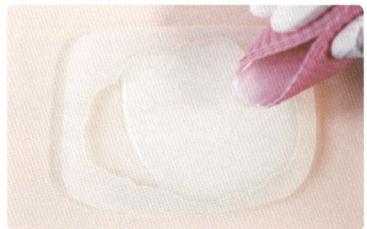

② 충분히 섞은 레진을 몰드에 천천히 부어주세요. 약 2mm 정도의 여유를 남기고 부어준 후 레진이 경화될 때까지 기다려줍니다. 2액형 레진 경화

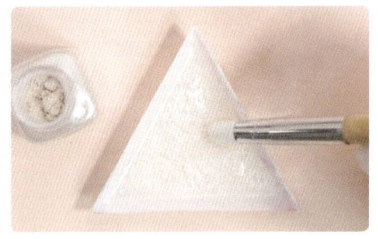

3 팔레트에 UV레진과 배경색과 동일한 색의 펄 파우더를 섞어 조색해주세요.

4 또 다른 팔레트에 UV레진과 대리석 무늬 색이 될 골드 펄 파우더를 섞어 조색해주세요.

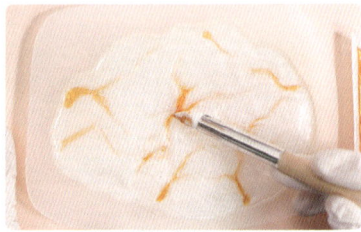

5 2에서 경화가 완료된 레진 위에 화이트 펄 파우더로 조색한 UV레진을 전체적으로 깔아주세요.

6 골드 펄 파우더 UV레진을 사용해 불규칙한 대리석 선을 그리듯이 조금씩 부어주세요. 실리콘 붓이나 이쑤시개 같은 뾰족한 도구를 이용하면 더욱 수월합니다. 대리석 패턴이 어렵다 느껴지면 다른 대리석 사진을 참고해 그려도 좋아요.

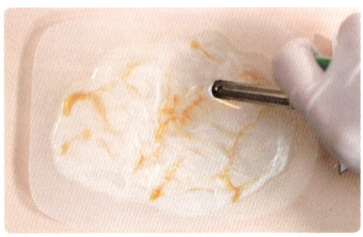
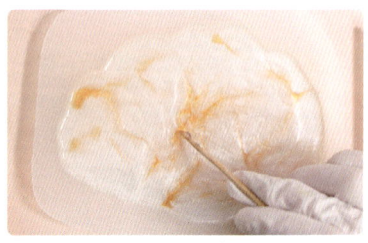

7 선을 대략적으로 그렸다면, 그린 금색 선 위를 라이터로 천천히 스치듯이 훑어가며 열을 가해주세요. 라이터 열기로 레진이 불규칙적으로 흐트러지며 더욱 자연스러운 대리석 무늬를 연출할 수 있습니다.

8 이쑤시개를 사용해 추가로 선을 그려주고, 모양새를 다듬은 후 경화합니다.
UV램프 3분 경화

9 경화된 레진 위에 알파벳 스티커로 원하는 문구를 넣어줍니다.

Tip!
스티커를 붙이기 전에 UV레진을 네일 솔을 사용하여 살짝 발라주세요. UV레진 위에서는 스티커가 완전히 접착되지 않아 스티커를 움직이며 작업할 수 있어 훨씬 수월합니다.

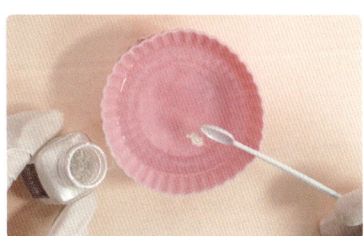

10 코팅 작업을 위해 2액형 레진에 실버 글리터 펄을 조금 섞어 투명하지만 은은한 글리터 레진을 준비합니다.

11 몰드가 넘치지 않도록 글리터 레진을 부은 후 경화될 때까지 기다립니다.
2액형 레진 경화

몽글몽글 애프터눈 티타임

파스텔 마블링
3단 디저트 트레이

LEVEL

동화 속 공주님의 티타임에 나올 것 같은 3단 디저트 트레이입니다. 파스텔 조색제를 사용하는 '아크릴 푸어링' 기법으로 자연스럽고 예쁜 마블링을 연출할 수 있지요. 3단 디저트 트레이와 함께 달콤한 시간을 만들어보세요.

Ready
준비물

2액형 레진(음식이 닿는 레진은 푸드 그레이드 안전 인증된 레진을 사용) | 파스텔 레진 조색제 (핑크, 옐로우, 그린, 블루, 퍼플, 화이트) | 3단 트레이 몰드 | 트레이 손잡이 부자재

   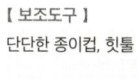

오로라 진주 파츠 | 오로라 조각 글리터 | 박스 테이프 | 【 보조도구 】 단단한 종이컵, 힛툴

Tip!
음식을 올려둘 트레이를 제작할 경우 음식이 닿는 부분은 특히 안전 인증을 통과한 푸드 그레이드(food grade) 레진을 사용해서 코팅해야 합니다.

How to make
만드는 법

1 2액형 레진을 주제와 경화제를 잘 섞어 조색할 색 개수만큼의 컵에 나누어 담아 줍니다.

❷ 준비한 컵에 조색제를 넣어 섞어줍니다. 색이 진하고 선명하게 나오도록 평소보다 조색제를 조금 더 넣어주면 좋아요.

❸ 단단한 종이컵에 조색한 레진을 순서대로 한 방향에서 천천히 차곡차곡 옮겨 부어 주세요. 색을 쌓는 느낌으로 컵 안에서 결이 생기게끔 담아야 예쁜 마블링이 만들어집니다.

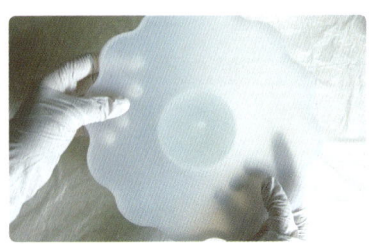 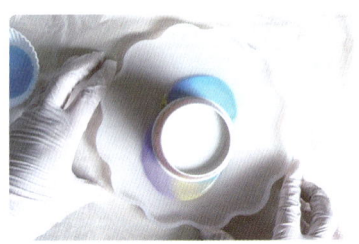

❹ 레진을 담은 컵 위에 실리콘 몰드를 덮어 틈이 없도록 밀착시킨 다음 몰드와 컵을 빠르게 뒤집어 바닥에 엎어주세요. 뒤집을 때 레진이 새지 않도록 컵과 몰드를 밀착하는 것이 포인트. 이 기법을 아크릴 푸어링에서 '플립 컵(flip cup)' 기법이라고 합니다.

❺ 컵을 천천히 들어줍니다. 레진이 자연스럽게 마블링 무늬를 형성하도록요. 레진이 자연스럽게 퍼지도록 가만히 두거나 원하는 모양으로 퍼지도록 몰드를 살짝 기울여주어도 좋습니다. 몰드의 반 정도 차도록, 너무 두껍지 않게 작업해주세요.

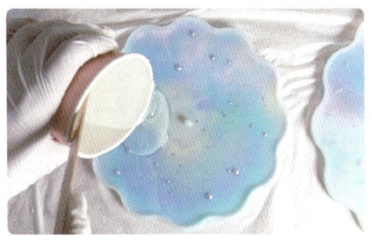

6 레진이 완전히 경화하기 전에 진주와 글리터로 포인트를 추가해주세요. 꾸미기가 끝나면 경화합니다. **2액형 레진 경화**

7 마블링 레진이 경화되었다면. 그 위에 투명한 레진을 몰드 가득 채워주세요.
2액형 레진 경화

8 마찬가지로 나머지 크기가 다른 2개의 트레이 몰드도 추가로 작업해주세요. 몰드가 너무 넓어 ⑩와 같은 플립 컵 기법이 쉽지 않다면, 사진과 같이 불규칙적으로 부어만 주어도 멋진 마블링을 표현할 수 있습니다.

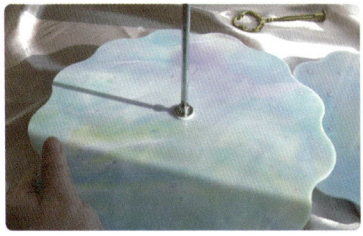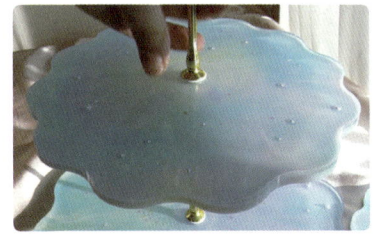

9 모든 경화가 완료되면 탈형한 후 트레이 마지막 층이 되는 판 가운데 구멍에 스크류 나사를 넣어 고정해주세요.

10 트레이 손잡이 부자재로 각층 트레이 판을 연결해줍니다. 부자재와 레진을 연결할 때 스폰지를 끼워 넣으면 트레이에 자국이 남는 것을 최소화할 수 있습니다.

파스텔빛 하늘 위에 둥둥
구름 조각 지비츠

LEVEL

파스텔빛 하늘 위 구름 한 조각을 떼어온 듯한 지비츠로 슬리퍼를 꾸며봐요. 내가 원하는 모양과 문구를 적어 커스터마이징할 수 있답니다.

Ready
준비물

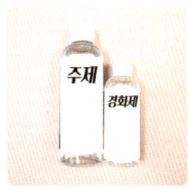
2액형 레진

다양한 도형 펜던트 몰드

하얀색 점토

파스텔 레진 조색제
(핑크, 블루, 퍼플)

지비츠 버튼 부자재

【 보조도구 】
이쑤시개, 나무 막대,
핀셋

How to make
만드는 법

1. 이쑤시개를 사용하여 하얀색 점토를 긁어내어 불규칙한 모양의 구름을 만듭니다. 하루 정도 건조시켜 딱딱하게 만들어주세요.

2. 주제와 경화제를 꼼꼼히 섞은 투명한 2액형 레진을 원하는 모양 펜던트 몰드에 반 정도 채워주세요.

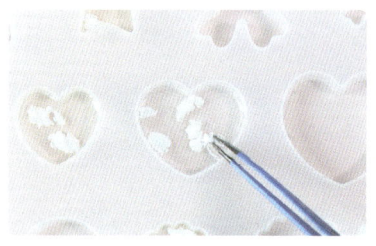 

③ 잘 말린 구름 점토를 레진 안쪽에 넣어 배치한 다음 레진이 굳을 때까지 기다려주세요. **2액형 레진 경화**

④ 2액형 레진을 컵에 나누어 담고 각각 핑크, 블루, 퍼플 파스텔 조색제를 섞어 조색해주세요.

⑤ ③에서 경화가 끝난 레진 위에 조색한 색색의 레진을 조금씩 부어주세요. 레진은 색마다 구역을 나눠 구석부터 부어주고, 다른 색 레진과 같은 위치에 붓지 않도록 주의해주세요.

⑥ 나무 막대를 사용하여 색이 만나는 경계를 살짝 이어주면 경계선이 자연스러워집니다. 이 상태로 레진이 굳을 때까지 기다립니다. **2액형 레진 경화**

⑦ 경화가 끝난 팬던트 파츠에 순간접착제로 지비츠 버튼 부자재를 붙여주세요. UV레진을 사용해도 괜찮지만, 2액형 레진으로 펜던트를 제작한 경우에는 순간접착제를 사용하면 더 튼튼하게 붙습니다.

파스텔빛 하늘과 푸른 들판을 담은
뮤직플레이어 키링

LEVEL

좋아하는 아티스트의 앨범 아트를 담을 수 있는 뮤직플레이어 키링입니다. 이 작품은 파스텔빛으로 물든 하늘과 싱그러운 들판을 콘셉트로 만들었어요.

Ready
준비물

2액형 레진

UV레진

뮤직플레이어 몰드

파스텔 조색제(핑크, 블루, 옐로우, 퍼플)

하얀색 점토

잔디 파우더

반짝이 글리터

사진

박스 테이프

볼체인

【 보조도구 】
UV램프, 이쑤시개,
핀셋, 가위, 실리콘 붓,
라이터

How to make
만드는 법

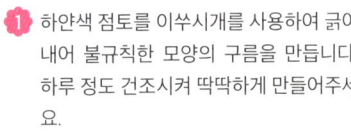

1. 하얀색 점토를 이쑤시개를 사용하여 긁어내어 불규칙한 모양의 구름을 만듭니다. 하루 정도 건조시켜 딱딱하게 만들어주세요.

○ PASTEL 파스텔을 담은 패치아트

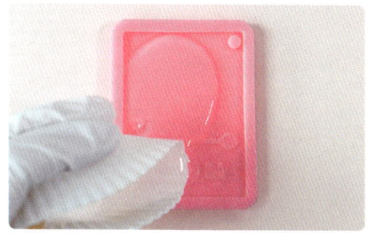

2 2액형 레진의 주제와 경화제를 맞는 비율로 맞춰 골고루 섞은 다음 몰드의 반 정도를 채워주세요.

3 위에는 미리 만들어 둔 구름 점토를 적절하게 배치하고, 아래에는 잔디 파우더를 레진 안쪽으로 넣어줍니다. 원하는 대로 배치가 끝났다면 경화될 때까지 기다립니다. 2액형 레진 경화

4 2액형 레진을 나누어 담은 컵에 블루, 퍼플, 핑크 파스텔 조색제를 넣어 잘 섞어줍니다.

5 3에서 경화가 끝난 레진 위에 조색한 파스텔 레진을 위부터 블루, 핑크, 퍼플 순서로 부어 파스텔빛 하늘을 표현해줍니다.

6 층이 부자연스럽다면 이쑤시개로 경계를 이어주세요. 레진이 넘칠 경우 조금씩 덜고 경화합니다. 2액형 레진 경화

7 레진이 모두 경화되면 탈형합니다.

8 재생 바와 플레이 버튼 부분의 홈에 파스텔 핑크, 블루, 옐로우로 조색한 레진을 구역을 나누어 채워주세요.

9 레진이 사진에 스며들어 번질 수 있으므로 사진의 앞뒤에 투명 박스 테이프를 붙여 코팅합니다. 테이프를 사진에 딱 맞게 자르지 말고 테두리를 살짝 남겨두고 잘라주세요.

10 사진을 몰드 위에 배치한 후 다시 투명 박스 테이프를 위에 붙여 사진을 고정시킵니다.

11 글리터를 섞은 UV레진을 펴 발라 플레이어 앞면을 전체적으로 코팅해주세요.

12 라이터를 사용해 기포를 제거하고 경화시켜주세요. UV램프 3분 경화
그다음 키링 구멍에 볼체인을 걸어주면 완성입니다.

진짜 진주보다 더 반짝이는
글리터 진주 조개 책갈피

LEVEL

진주 조개 모양 프레임을 사용해 책갈피를 제작해보겠습니다. 프레임이 굉장히 다양하고, 색칠놀이처럼 색을 채워 넣기만 하면 되는 작업이라 쉽고 간단하게 나만의 책갈피를 만들 수 있습니다.

Ready
준비물

UV레진

진주 조개 모양
메탈 프레임

책갈피 부자재

투명 박스 테이프

파스텔 레진 조색제
(핑크, 민트, 퍼플)

펄 파우더(화이트)

오링

【 보조도구 】
UV램프, 가위,
이쑤시개, 라이터,
오링 반지, 롱노즈

How to make
만드는 법

1. 메탈 프레임이 다 들어갈 수 있도록 투명 박스테이프를 적당한 크기로 자른 다음 테이프 안쪽 끈적이는 부분에 메탈 프레임을 단단히 눌러 부착합니다. 테이프 양쪽 끝을 접어 손잡이를 만들면 작업하기 더 편해요.

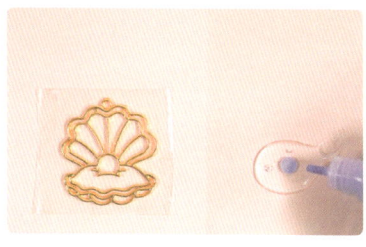 

2. UV레진에 핑크, 민트, 퍼플 파스텔 조색제를 조금씩 넣어 조색합니다. 이렇게 적은 양을 여러 색 조색할 경우 비닐 재질의 필름지를 팔레트로 사용하면 편하게 작업할 수 있어요.

3. 프레임 안쪽에 이쑤시개를 사용하여 쿠션 프레임과 맨아래 조개 뚜껑 프레임에 조색한 퍼플 레진을 올려줍니다.

Tip!
불투명한 파스텔 조색제를 너무 많이 넣으면 UV 램프의 빛이 충분히 투과되지 않아 경화가 잘 되지 않을 수 있으니 주의합니다. 그리고 프레임 사이로 레진이 쉽게 흘러나오지 않도록 중점도 이상의 레진을 추천해요.

4. 3과 똑같은 방식으로 조색한 민트색과 분홍색 레진을 조개 윗부분에 번갈아 가며 채워줍니다. 원하는 다른 색으로도 얼마든지 색을 채울 수 있어요.

5. 라이터를 사용하여 표면을 살짝 훑어 올라온 기포를 제거한 후 경화합니다.
   UV램프 3분 경화

❻ 화이트 펄 파우더를 섞은 UV레진을 진주 프레임에 덧바른 다음 한 번 더 경화합니다. UV램프 3분 경화

❼ 펄 파우더를 섞은 UV레진을 프레임 전체적으로 펴 바르고 마지막으로 경화합니다. UV램프 3분 경화

❽ 오링을 사용해 책갈피 부자재와 프레임을 연결하면 완성입니다.

핑크빛 바닷속
진주 조개 트레이

LEVEL

진주 구슬이 포인트인 고급스러운 진주 조개 트레이입니다. 비누 받침대, 액세서리 보관함 등 쓰임새가 다양합니다. 제작도 쉬운 편이고 몰드의 디테일도 살아 있어 선물용으로도 좋습니다.

Ready
준비물

2액형 레진

UV레진

조개 트레이 몰드

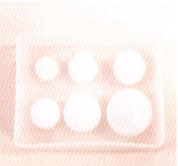
3D 구슬 몰드

펄 파우더
(진핑크, 연핑크, 화이트)

오로라 조각 글리터

【 보조도구 】
UV램프, 이쑤시개,
실리콘 붓, 순간접착제

How to make
만드는 법

① 2액형 레진을 주제와 경화제를 꼼꼼히 섞어 준비하고 컵 세 개에 나누어 담습니다. 진핑크, 연핑크, 화이트 펄 파우더를 각각의 컵에 진하게 조색합니다. 글리터 미니 스푼 기준으로 한 스푼 듬뿍 넣어 섞어줍니다.

Tip!
마블링 작업에는 고점도 레진을 사용하면 모양이 또렷하게 나와 예쁘게 작업할 수 있습니다. 또 다양한 색을 활용해 작업하고 싶다면 사용하고 싶은 색만큼 종이컵에 레진을 나누어 담아 조색하면 됩니다.

○ PASTEL 파스텔을 담은 매직아트

 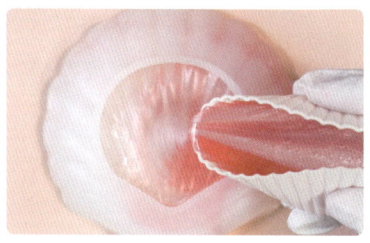

2️⃣ 조색한 레진을 한 컵에 모아 담아주세요. 색이 많이 섞이지 않도록 한 방향으로 조심스럽게 따르는 게 포인트입니다.

3️⃣ 조개 트레이 몰드에 레진을 끝까지 채워줍니다. 레진을 천천히 부으면 자연스럽게 마블링이 생기며 그라데이션을 형성할 수 있어요. 다 부었다면 경화합니다.
   2액형 레진 경화

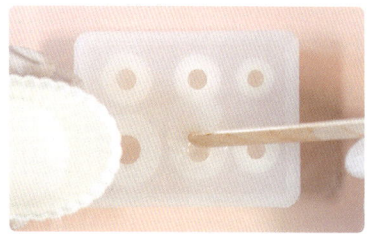 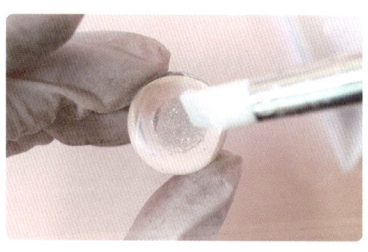

4️⃣ 원하는 크기의 구슬 몰드에 투명 2액형 레진을 채워 넣어 구슬 파츠를 제작해주세요.   2액형 레진 경화

5️⃣ 경화가 완료된 구슬 파츠의 아래 부분에 오로라 조각 글리터를 섞은 UV레진을 살짝 바르고 UV램프로 경화합니다. 글리터가 확대되어 보이며 구슬을 더욱 탐스럽게 해줄 거예요.   UV램프 3분 경화

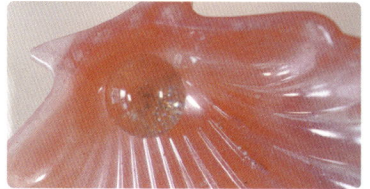

6️⃣ 3️⃣에서 경화가 완료된 조개 트레이 안쪽에 UV레진으로 구슬을 고정해주세요.
   UV램프 3분 경화

Tip!
구슬과 트레이 모두 불투명한 경우 UV레진을 사용하면 고정이 안 될 수 있으니 2액형 레진이나 순간접착제를 사용해주세요.

직접 만드는 데일리 액세서리
자개 헤어핀

LEVEL

파스텔빛의 판자개를 활용한 헤어핀입니다. 색 조합에 따라 분위기가 달라지기 때문에 다양한 스타일로 만들 수 있어요. 제작이 간단한 편이라서 선물용으로도 강력 추천하는 아이템입니다.

Ready
준비물

UV 레진

헤어핀 실리콘 몰드

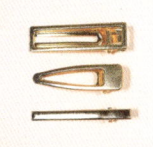
헤어핀 부자재

파스텔 판자개 파츠

【 보조도구 】
UV램프, 이쑤시개,
라이터

How to make
만드는 법

1 원하는 색의 파스텔 판자개를 준비합니다. 두세 가지 색들을 골라 팔레트에 모아주세요. 너무 넓은 판자개들은 작업하기 좋게 손으로 조각내줍니다. 하지만 적당히 큰 판이 있어야 예쁘니 너무 잘게 자르지 않아도 괜찮습니다.

Tip!
색상 조합은 같은 톤(붉은 계열, 파란 계열)의 색상으로 조합하거나, 보색(노랑색, 보라색)을 활용하는 법을 추천합니다.

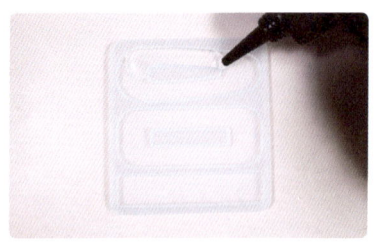 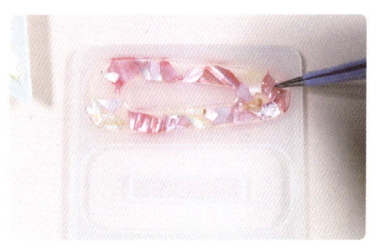

2. 헤어핀 실리콘 몰드에 UV레진이 넘치지 않도록 채워주세요.

3. 판자개들을 불규칙적으로 배치해주세요. 자개가 겹쳐도 괜찮습니다. 기포가 생겼다면 라이터로 빠르게 훑어 기포를 없애준 후 경화합니다. UV램프 3분 경화

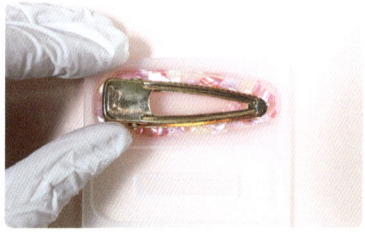 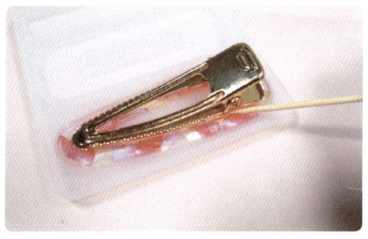

4. 경화를 마친 UV레진 위에 부자재를 붙일 수 있을 만큼 UV레진을 펴 발라줍니다. 그 위에 몰드 크기에 맞는 헤어핀 부자재를 올려주세요.

5. 헤어핀 부자재와 레진 사이에 틈이 생겼다면 이쑤시개 같은 도구를 활용해 UV레진으로 틈을 꼼꼼히 채워준 다음 한 번 더 경화합니다. UV램프 3분 경화

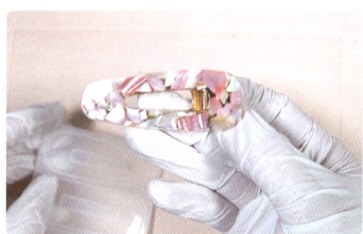

6. 경화된 헤어핀을 탈형합니다.

벚꽃잎이 살랑살랑
벚꽃 워터쉐이커 키링

LEVEL

살랑이는 벚꽃잎을 하루 종일 감상할 수 있는 벚꽃 워터쉐이커 키링입니다. 이번에 사용하는 몰드는 워터쉐이커용 몰드로, 몰드 자체에 액체 주입구가 있어 쉽게 제작할 수 있답니다.

Ready
준비물

2액형 레진

UV레진

벚꽃 워터쉐이크용 몰드

파스텔 조색제(핑크)

파스텔 판자개 파츠

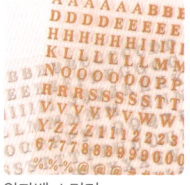
OHP 필름지

알파벳 스티커

보디 오일

홀로그램 별빛 글리터

오링

D고리 키링 부자재

【 보조도구 】
UV램프, 가위, 펜,
실리콘 매트,
공예용 주사기,
핀바이스, 롱노즈,
오링 반지, 네일 공병

How to make
만드는 법

① 2액형 레진의 주제와 경화제를 비율에 맞춰 준비한 후, 핑크 파스텔 조색제를 넣고 잘 섞이도록 꼼꼼히 3분간 저어줍니다.

❷ 잘 섞은 레진으로 벚꽃 몰드 테두리 부분을 채워주세요. **2액형 레진 경화**

❸ 분홍색 레진이 경화가 됐다면, 그 위에 투명 2액형 레진을 몰드 끝까지 채워 워터쉐이커 뒷부분을 막아주세요.
2액형 레진 경화

❹ 레진이 경화되었다면 탈형한 다음 뒤집어 쉐이커 안쪽에 자개 조각을 채워 넣습니다.

❺ OHP 필름지를 쉐이커 위에 대고 펜을 사용하여 테두리 선을 따라 그린 다음 가위로 선 안쪽을 따라 오려주세요.

❻ 테두리 표면을 사포로 살짝 갈아준 다음 UV레진을 솔을 사용해 얇게 발라주세요.

❼ ❺에서 잘라둔 필름지로 틀 앞부분을 막아주세요. 액체를 넣을 수 있는 주입구는 몰드에 홈이 따로 있어 필름지로 막히지 않습니다. **UV램프 1분 경화**

8️⃣ 실리콘 매트 위에 알파벳 스티커를 배치해 원하는 글귀를 작성해주세요. 그다음 스티커 윗부분에 UV레진을 네일 솔로 발라주세요.

UV램프 1분 경화

경화된 스티커를 매트에서 그대로 떼어내면 파츠처럼 사용할 수 있어요.

9️⃣ 쉐이커 앞면에 파츠가 올라갈 부분을 정한 다음 UV레진을 충분히 바르고 그 위에 알파벳 스티커와 홀로그램 별빛 글리터를 배치해주세요. 이때 액체 주입구가 위로 가지 않도록 두고 꾸며야 합니다. UV램프 1분 경화

🔟 고점도 UV레진을 사용하여 앞면에 전체적으로 도톰하게 도밍 작업을 해주세요. 이때 액체 주입구 부분이 막히지 않도록 주의해주세요. UV램프 3분 경화

1️⃣1️⃣ 액체 주입구 홈에 끝이 뭉툭한 공예용 주사기를 사용하여 보디 오일을 채워주세요. 단, 주입구 끝까지 채우지 말고 살짝 공기를 남겨주세요.

🌸 **12** 주입구를 고점도 UV레진을 사용하여 빠르게 막아주세요. 오일과 레진이 닿으면 경화가 잘 되지 않기 때문에 빠르고 조심스럽게 작업해야 합니다.

UV램프 1분 경화

🌸 **13** 쉐이커 상단에 핀바이스를 사용하여 구멍을 뚫어주세요.

🌸 **14** 구멍 안에 9핀을 돌려 넣고 UV레진으로 한 번 더 꼼꼼하게 9핀 주변을 막아주세요.

UV램프 1분 경화

🌸 **15** 오링 반지를 이용해 9핀에 오링을 연결하고 D고리 키링을 이어주면 완성입니다.

What's your name?
네임택 키링

LEVEL
★★☆☆☆

심플한 키링이지만 취향에 따라 다채로운 콘셉트로 꾸밀 수 있는 신학기 필수템! 나만의 네임택이나 덕질용 네임택을 만들기에 적합합니다.

Ready
준비물

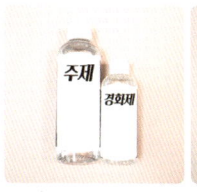
2액형 레진

UV레진

네임택 몰드

야광 네온 파우더(핑크)

파스텔 조색제(화이트)

알파벳 스티커

우드펄프 장식 파츠

볼체인

【 보조도구 】
UV램프, 실리콘 붓,
실리콘 매트,. 핀셋,
힛툴, 네일 공병

How to make
만드는 법

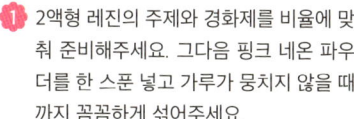

1. 2액형 레진의 주제와 경화제를 비율에 맞춰 준비해주세요. 그다음 핑크 네온 파우더를 한 스푼 넣고 가루가 뭉치지 않을 때까지 꼼꼼하게 섞어주세요.

 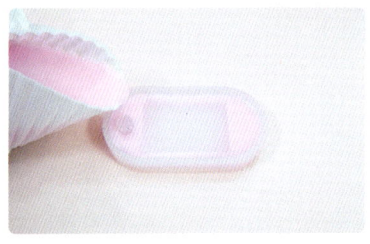

② 화이트 파스텔 조색제를 첨가하여 네온 파스텔 분홍색으로 조색해줍니다. 취향에 따라 글리터도 넣어주면 포인트가 됩니다.

③ 잘 섞은 레진을 네임택 몰드의 반 정도 천천히 채운 뒤 경화합니다.
2액형 레진 경화

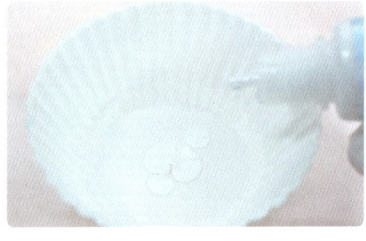 

④ 새로운 컵에 2액형 레진과 화이트 파스텔 조색제를 섞어 조색합니다.

⑤ ③에서 경화가 완료된 레진 위에 하얀색 레진을 몰드 가득 채운 후 다시 경화합니다. 2액형 레진 경화

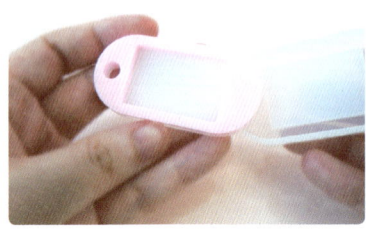

⑥ 경화가 완료되면 몰드에서 조심히 탈형합니다.

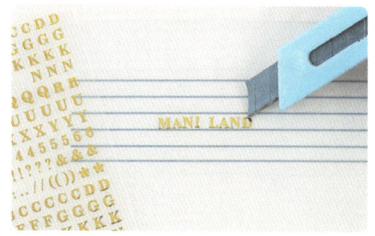 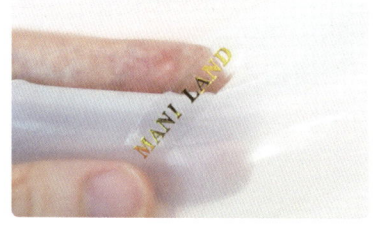

7 실리콘 매트 위에 알파벳 스티커를 배치해 원하는 글귀를 작성해주세요. 실리콘 매트 위에서 작업한 알파벳 스티커 윗부분에 UV레진을 펴 발라 경화합니다. UV램프 1분 경화
경화된 스티커를 매트에서 떼어내면 파츠처럼 사용할 수 있습니다.

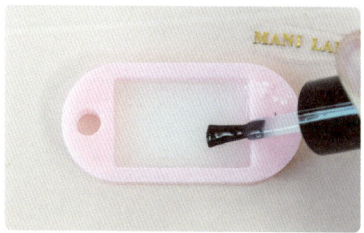 

8 네임택 틀과 안쪽에 UV레진을 얇게 발라주세요. 그다음 알파벳 스티커와 글리터, 우드펄프 장식 파츠를 사용해 네임택을 꾸며주세요. UV램프 1분 경화

9 안쪽과 바깥쪽 전체적으로 UV레진을 도톰하게 올려 도밍 작업을 한 후 경화합니다. UV램프 1분 경화
경화가 끝나면 네임택에 볼체인을 달아 완성해주세요.

인어공주의 노랫소리가 들릴 것 같은

여름 바닷가 손거울

LEVEL

여름 바닷가의 청량함을 손거울에 옮겨 놓은 듯한 바닷가 손거울입니다. 바다 거품과 물결 표현법은 면적이 넓은 아이템에 적합하며, 작업의 완성도가 높아 다양한 곳에 응용해볼 수 있어요.

Ready
준비물

UV레진 　　손거울 부자재 　　조개, 별모래, 　　파스텔 레진 조색제
　　　　　　　　　　　　　불가사리 파츠 　　(화이트, 그린)

【 보조도구 】
UV램프, 핀셋,
실리콘 붓, 라이터

비눗방울 파츠 　　알파벳 스티커

How to make
만드는 법

① 에메랄드 바다색을 표현하기 위해서 팔레트에 UV레진과 파스텔 그린과 화이트 조색제를 섞어 조색해주세요.

② 다른 팔레트에 UV레진과 별모래 파츠를 넣고 골고루 섞어줍니다.

3 손거울 위에 오른쪽 아래부터 바다색 레진을 얇게 채워줍니다. 실리콘 붓으로 바다 부분의 모양을 잡아주세요.

4 왼쪽 위부터 UV레진과 섞은 별모래를 부어 모래사장을 만들어주세요. 자연스럽게 두 종류의 UV레진이 맞닿게 하여 해변을 만들어주세요.

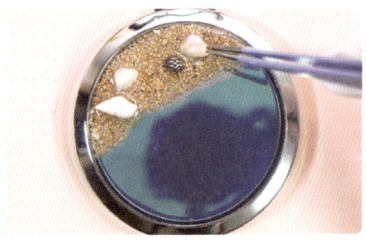

5 바다 부분 레진에 올라온 기포는 라이터를 사용해 제거해주세요.

6 모래 위에 조개와 소라 파츠를 원하는 자리에 살짝 얹어주세요.
UV램프 3분 경화

7 바다 거품을 표현하기 위해 새 팔레트에 UV레진과 화이트 조색제를 진하게 섞어주세요.

8 경화한 바다 레진 위에 실리콘 붓을 사용해 하얀색 레진을 얇고 넓게 펴주세요.

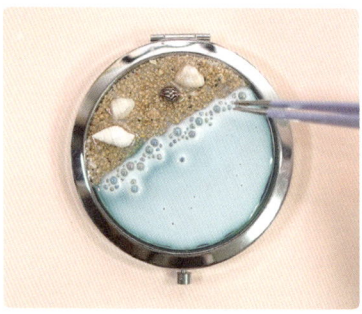

⑨ 모래와 바다가 맞닿는 부분에 비눗방울 파츠를 배치하여 파도 거품을 표현해주세요. 비눗방울 파츠의 크기를 섞어 올려주면 풍부한 바다 거품을 연출할 수 있습니다.

⑩ 하얀색 레진 위에 투명 UV레진을 한 방울씩 떨어뜨려 바다 물결을 표현해주세요. UV레진을 불규칙하게 떨어뜨려 물결의 경계가 잘 보이도록 표현해주세요.

Tip!
고점도 UV레진을 사용하면 모양이 쉽게 흐트러지지 않아서 물결의 경계가 더욱 또렷하게 표현됩니다.

⑪ 투명 레진이 일정하게 방울져 있는 부분에 UV레진을 몇 방울 더 떨어뜨려 면적을 크게 만들어주세요. 투명 레진 면적이 넓어지면서 하얀색 경계선이 얇아지는데, 이 경계선이 얇을수록 바다 거품이 더 자연스러워집니다.

12 불가사리 파츠를 바다 위에 배치해 바다 표현을 더 해줍니다. UV램프 3분 경화

13 알파벳 스티커로 문구를 추가해 나만의 특별한 바닷가를 장식해보세요.

14 투명 UV레진을 실리콘 붓으로 얇게 올려 코팅해주세요. 특히 조개와 소라 파츠에 꼼꼼히 레진을 코팅해야 파츠가 쉽게 부서지지 않습니다.

15 라이터로 기포를 깔끔하게 제거한 후 경화하면 완성입니다. UV램프 3분 경화

첨벙첨벙 청량한 여름 바다 한 조각

한여름 바다 키보드 키캡

LEVEL

깊은 바다를 조각 내어 책상에 옮겨 온 것 같은 바다 키보드 키캡입니다. 답답한 사무실에 나만의 작은 바다를 만들어보세요.

Ready
준비물

UV레진

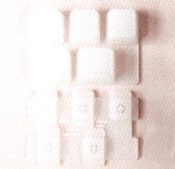
키보드 키캡 몰드
(기계식 키보드 호환)

파스텔 레진 조색제
(화이트, 그린)

금속 조개 파츠

【 보조도구 】
UV램프, 실리콘 붓,
사포, 롱노즈, 물티슈

Tip!
기계식 키보드 호환 키캡은 각각의 키마다 키캡 몰드의 높이와 모양이 다릅니다. 구매하실 때 사용하고자 하는 키캡을 확인하세요.

How to make
만드는 법

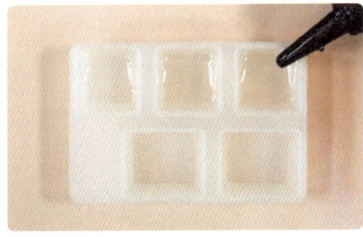

❶ 키보드 키캡 앞부분 몰드에 2mm 정도로 얇게 투명 UV레진을 채워주세요.

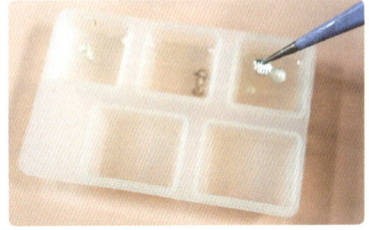

❷ 포인트가 될 금속 조개 파츠를 몰드 바닥으로 밀어 넣습니다. 이때 알파벳 스티커를 넣으면 포인트 알파벳 키캡이 됩니다.
UV램프 3분 경화

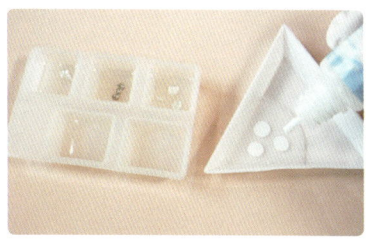
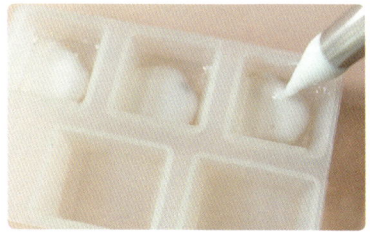

3. 새로운 팔레트에 투명 UV레진과 화이트 조색제를 섞어 진하게 조색해주세요. 색이 반투명하게 조색되지 않도록 조색제를 넉넉히 넣어줍니다.

4. 경화된 투명 레진 위에 하얀색 레진을 실리콘 붓을 사용해 1mm 정도로 아주 얇게 펴 발라주세요.

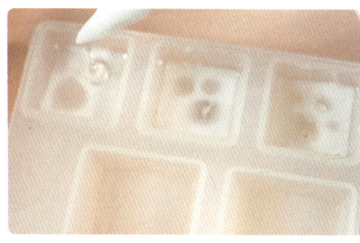
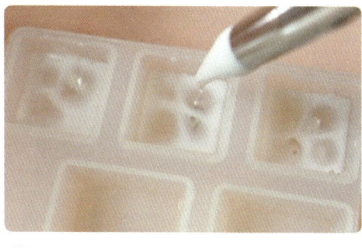

5. 하얀색 레진 위에 고점도 투명 UV레진을 한 방울씩 불규칙적으로 떨어뜨려 물결을 표현해주세요.

6. 레진을 떨어뜨린 곳에 한 번 더 떨어뜨리면 투명한 레진의 면적이 커지면서 하얀색 경계선이 얇아집니다. 경계선이 얇아질수록 더욱 자연스럽고 예쁜 물결을 표현할 수 있어요. UV램프 3분 경화

7. 키캡 뒷부분 몰드에 있는 십자 모양 구멍으로 물점도 UV레진을 한 방울씩 천천히 스며들게 몰드를 채워주세요. 한번에 많이 넣거나 점도가 높은 레진을 사용하면 몰드 안쪽에 기포가 생겨 부품 모양이 제대로 자리 잡지 못하니 주의해야 해요.

8 UV램프에 경화하기 전에 몰드 밖으로 튀어나온 레진이 없도록 실리콘 붓으로 레진을 펴 바르며 정리해주세요.
　UV램프 3분 경화

9 새 팔레트에 UV레진과 그린 파스텔 레진 조색제를 섞어 에메랄드빛 바다색을 만들어주세요.

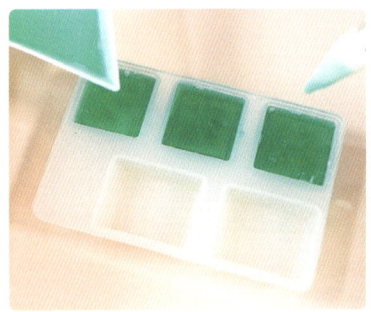

10 6에서 경화가 완료된 키캡 앞부분 몰드에 조색한 바다색 레진을 몰드의 1mm 정도만 남기고 채워주세요. 기포는 라이터로 살짝 제거해주세요.

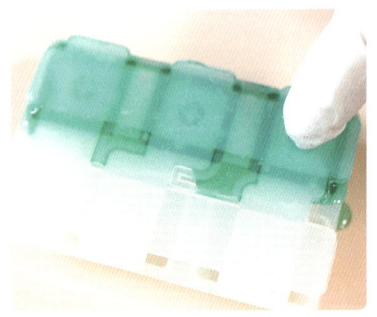

11 경화가 완료된 뒷부분 몰드를 앞부분 몰드 위에 올리고 눌러주세요. 레진이 넘치더라도 당황하지 마세요! 레진이 부족한 것보다 넘치게 작업해야 예쁘게 완성됩니다. 몰드의 앞면과 뒷면 모두 경화합니다.
　UV램프 3분 경화

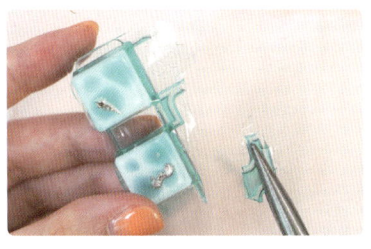 

⑫ 경화가 완료되면 탈형한 후 롱노즈로 넘쳐 나온 부분들을 제거해주세요. 사포나 네일파일로 거친 부분을 살짝 다듬어준 후 물티슈로 레진 가루를 닦아 마무리합니다.

VIVID 비비드를 담은 레진아트

소다는 새콤, 아이스크림은 달콤

멜론 크림 소다 보석함

LEVEL
★★★★☆

아이스크림 한 스쿱과 딸기 파츠가 돋보이는 멜론 크림 소다 보석함입니다. 보석함의 단 조절도 가능해 실용적이며, 책상 위 포인트 인테리어 소품으로도 좋습니다.

Ready
준비물

2액형 레진

UV 레진

파스텔 레진 조색제
(화이트, 그린)

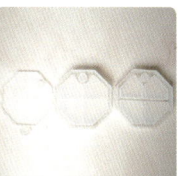
보석함 몰드 세트

아크릴 봉

하얀색 점토

딸기 파츠

빨대

【 보조도구 】
UV램프, 라이터,
플라스틱 숟가락,
강력접착제(글루건)

How to make
만드는 법

① 주제와 경화제를 섞은 2액형 레진에 그린 조색제를 넣고 다시 한번 섞어주세요. 취향에 따라 은은하게 빛나는 글리터를 추가해도 좋습니다.

2 조색한 레진을 보석함 몰드 가득 채워주세요. 커다란 기포만 제거해주시고 잔잔한 기포는 탄산음료 콘셉트에 맞춰 남겨두어도 좋습니다.

2액형 레진 경화

Tip!
원하는 단만큼 서랍을 만들어주세요. 몰드가 하나뿐이라면 경화와 탈형을 반복하면 됩니다.

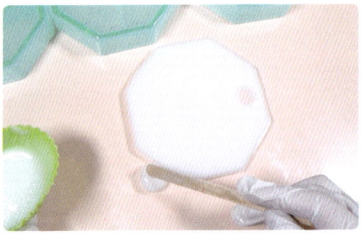

3 새로운 컵에 2액형 레진과 화이트 조색제를 섞어주세요. 하얀색 레진으로 뚜껑을 만들어 멜론 소다의 크림을 표현해줄 예정이에요.

4 뚜껑 몰드와 아크릴봉 마개 몰드에 하얀색 레진을 채워주세요. 라이터로 기포를 꼼꼼하게 제거하고 경화합니다.

2액형 레진 경화

5 하얀색 점토를 둥글게 말아 아이스크림 한 스쿱 모양을 만들어주세요. 노란색 사인펜을 점토에 살짝 찍고 잘 섞어 아이보리색 바닐라 아이스크림으로 만들어주어도 좋습니다.

6 점토 표면에 아이스크림 스쿱으로 뜬 것 같이 거칠게 디테일을 만들어주세요. 아이스크림 아래쪽은 숟가락으로 눌러주어 살짝 녹아내린 것처럼 표현하면 진짜 아이스크림 같아요.

7 아이스크림 점토 상단에 딸기 모형 파츠와 빨대를 배치해주세요. 점토가 마르기 전에 모양을 먼저 잡아주고, 점토가 마른 다음에 접착제를 사용해 단단히 고정합니다.

8 ⑪에서 만들어둔 아크릴봉 뚜껑과 아크릴봉을 UV레진으로 접착시킨 후 경화합니다. UV램프 3분 경화

9 보관함 맨아랫단과 아크릴봉을 UV레진을 사용해 고정시킨 후 경화합니다. UV램프 3분 경화
그다음 아크릴봉에 만들어둔 보석함 서랍을 하나씩 끼우고 뚜껑을 조립해주세요.

10 준비해 둔 아이스크림을 글루건이나 강력 접착제를 사용하여 보관함 뚜껑에 붙여주세요.

입안에서 사르륵 녹을 것만 같은
푸딩 키보드 키캡

LEVEL
★★★☆☆

지루한 키보드를 달콤하게 만들어주는 커스터드 푸딩 키캡입니다. 체리 파츠를 포인트로 얹을 수도, 얹지 않고 탱글한 커스터드 푸딩으로 만들 수도 있어요. 어떻게 만들든 매우 귀엽다는 사실!

Ready
준비물

 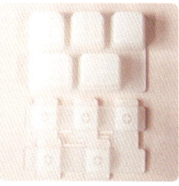  

UV 레진　　키보드 키캡 몰드　　레진 조색제　　데코덴 생크림 본드
　　　　　(기계식 키보드 호환)　(브라운, 화이트, 옐로우)

【 보조도구 】
UV램프, 실리콘 붓,
롱노즈, 사포

체리 모형 파츠

How to make
만드는 법

 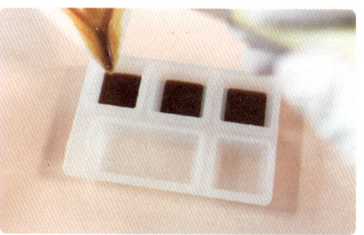

❶ 물점도 UV 레진과 브라운 조색제를 섞어 푸딩 카라멜 시럽색을 조색해주세요.

❷ 키보드 키캡 앞부분 몰드에 조색한 갈색 레진을 3mm 정도 채워주세요. 몰드 앞, 뒤 모두 경화합니다. **UV램프 3분 경화**

Tip!
체리 파츠가 올라가는 포인트 키캡은 자주 사용하지 않는 F키로 사용하는 것을 추천합니다.

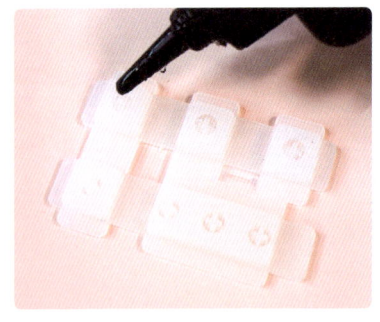

3 키캡 뒷부분 몰드에 있는 십자 모양 구멍에 물점도 UV레진을 한 방울씩 천천히 스며들게끔 몰드를 채워주세요. 한번에 많이 넣거나 점도가 높은 레진을 사용하면 몰드 안쪽에 기포가 생겨 부품 모양이 제대로 자리 잡지 못하니 주의해 작업합니다.

UV램프 3분 경화

4 새 팔레트에 UV레진과 옐로우, 화이트 조색제를 섞어 연노란색의 커스터드 푸딩색을 만들어주세요.

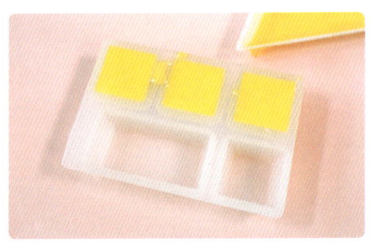

5 키캡 앞부분 몰드에 약 1mm 정도 남기고 조색한 연노란색 레진을 채워줍니다.

6 **3**에서 준비해둔 뒷부분 몰드를 앞부분 몰드 위에 올리고 눌러주세요. 레진이 넘치더라도 당황하지 마세요. 레진이 부족한 것보다 넘치게 작업해야 예쁘게 완성됩니다.
몰드의 앞면과 뒷면 모두 경화합니다.

UV램프 3분 경화

Tip!
조색제가 불투명하여 레진이 완벽하게 굳지 않았다면 1~2분 더 경화해주세요.

7. 경화가 완료되면 탈형한 다음 롱노즈를 사용해서 튀어나온 불필요한 레진들을 제거해주세요. 날카로운 부분과 롱노즈로 제거되지 않은 레진들은 사포로 갈아주세요.

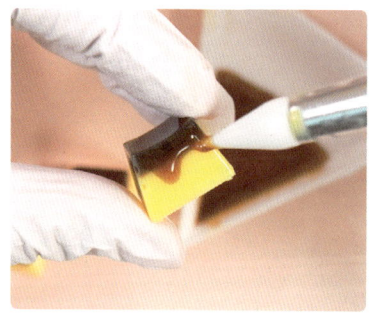

8. 브라운 조색제를 섞은 고점도 UV레진을 실리콘 붓으로 푸딩 키캡 옆면에 캐러멜 시럽이 흘러내린듯 그려주세요. 4면에 모두 그려주고, 4면 모두 경화해야 합니다.
   UV램프 1분 경화

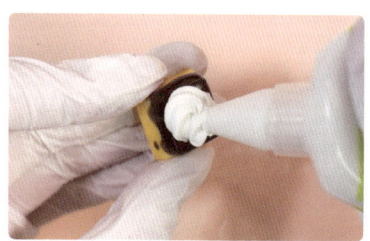 

9. 경화가 완료되면 하얀색 데코덴 생크림 본드에 별모양 깍지를 끼고 키캡 상단에 동그랗게 짜주세요.

10. 원한다면 생크림 본드 위에 체리 파츠를 얹어 장식해주세요. 데코덴 크림 본드는 완전 건조까지 하루 정도 소요됩니다.

상큼한 과일이 콕콕 박힌 카카오 100%

과일 초코바 키링

LEVEL

과일이 콕 박힌 진한 다크 초코바 키링입니다. 이번 밸런타인데이 선물은 영원히 녹지 않는 레진 초콜릿 키링은 어떨까요?

Ready

준비물

2액형 레진

UV레진

레진 조색제(브라운)

하트 펜던트 몰드

과일 파츠

9핀

볼체인

【 보조도구 】
UV램프, 힛툴,
핀바이스, 롱노즈,
오링 반지

How to make

만드는 법

① 주제와 경화제를 잘 섞은 2액형 레진에 브라운 조색제를 넣어 조색해주세요.

Tip!

브라운 조색제에 블랙 조색제를 한 방울 넣으면 다크 초콜릿, 화이트 조색제를 한 방울 넣으면 밀크 초콜릿 색을 만들 수 있어요.

2 몰드에 붓기 전에 힛툴을 사용하여 기포를 미리 제거해주세요.

3 하트 펜던트 몰드에 레진을 천천히 채워주세요. 2액형 레진 경화

4 절반 정도 경화가 진행되었다면 파츠를 살짝 올려 위치를 잡아주세요. 파츠는 투명한 파츠보다 불투명한 파츠가 더 잘 어울려요. 어두운 초콜릿 레진과 색 대비가 극명해서 진짜 초콜릿 같거든요. 과일 파츠의 위치를 정했다면 파츠를 살포시 눌러 레진 안에 반쯤 넣고 완전히 경화합니다. 2액형 레진 경화

5 경화가 완료되면 상단에 핀바이스를 사용해 구멍을 뚫어주세요. 그다음 구멍에 9핀을 끼우는데, 이때 끝에 UV레진을 살짝 묻힌 다음 돌려 넣어 단단히 고정시켜야 합니다. UV램프 1분 경화
고정된 9핀에 오링을 연결하고 볼체인을 끼우면 완성입니다.

별방울이 샤카샤카 소리 내는
별쉐이커 핸드폰 거치대

LEVEL

별쉐이커 핸드폰 거치대는 일상 생활에서 실제로 사용하기에 불편하지 않도록 최대한 얇은 두께로 제작하는 것이 포인트입니다. 핸드폰을 흔들면 맑은 샤카샤카 소리가 나는 쉐이커의 매력에 흠뻑 빠져보세요.

Ready
준비물

2액형 레진   UV레진   컬러 잉크 조색제   별쉐이커 몰드
                                    (옐로우)

핸드폰 거치대 부자재   OHP 필름지   알파벳, 별빛 홀로그램   쉐이커 내용물 파츠
                                        스티커   (보석 홀로그램 파츠,
                                                              구슬 파츠)

【 보조도구 】
UV램프, 이쑤시개,
핀셋, 펜, 가위,
사포, 네일 공병

How to make
만드는 법

① 2액형 레진의 주제와 경화제를 꼼꼼히 섞은 다음, 쨍한 형광 옐로우 컬러 잉크 조색제를 넣고 다시 잘 섞어주세요.

② 별쉐이커 몰드에 레진을 5mm 이하로 최대한 얇게 부은 후 경화합니다.

Tip!

핸드폰 거치대용 쉐이커를 만들 때 쉐이커 두께를 얇게 만들어야 사용할 때 덜 불편합니다. 하지만 너무 얇게 만든다면 쉐이커 안에 장식 파츠가 들어가지 않으니 주의해야 해요.

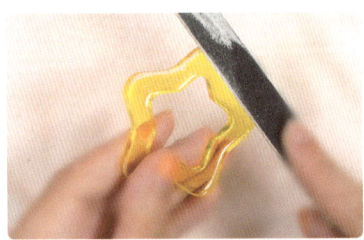

③ 경화가 완료되면 사포를 사용해서 쉐이커 테두리를 최대한 부드럽게 갈아주세요. 핸드폰 거치대는 손으로 많이 만지는 아이템이니 다치지 않도록 신경 써서 매끈하게 갈아주어야 해요.

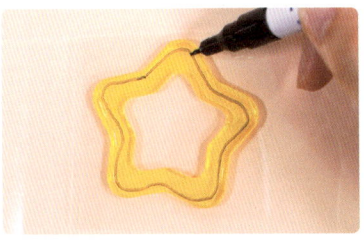

④ OHP 필름을 대고 펜을 사용하여 틀 모양을 따라 그려주세요. 그다음 선이 안 보이도록 안쪽으로 가위를 사용해 잘라주세요.

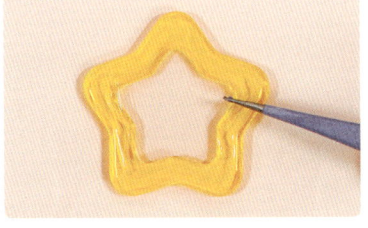

⑤ 필름지를 붙일 틀 표면을 사포로 거칠게 만든 다음 틀에 네일 솔로 UV레진을 바르고 필름지를 붙여 경화합니다. UV램프 3분 경화

6 필름지 위를 홀로그램 스티커를 사용해서 꾸며주세요. 다 꾸몄다면 고점도 레진으로 윗면에 도밍 작업을 해주세요. **2액형 레진 경화**

7 경화가 완료되면 쉐이커 안쪽에 장식 파츠를 넣어주세요. 몰드 높이가 낮기 때문에 최대한 작은 파츠를 사용해서 꾸며주세요. 작은 구슬 파츠를 넣으면 쉐이커 소리가 청량해집니다.

8 틀에 먼저 2액형 레진을 펴 바른 다음, 핸드폰 거치대 부자재를 올려주세요. 이때 레진이 쉐이커 안쪽으로 흘러 들어가지 않게 주의해야 합니다. 그다음 핸드폰 거치대 부자재와 레진 사이 틈을 이쑤시개를 사용해 2액형 레진으로 튼튼하게 서로 연결해주세요. **2액형 레진 경화**

달빛 한 조각, 별빛 한 줌
마법 소녀 다이어리

LEVEL
★★★☆☆

마법 소녀의 비밀스러운 마법책 콘셉트의 다이어리입니다. 다이어리 가운데 포인트는 원하는 파츠로 바꾸어 다양하게 연출할 수 있습니다. 직접 만든 특별한 다이어리로 나의 소중한 일상을 간직해보세요.

Ready
준비물

2액형 레진　　　A7 다이어리 몰드　　　하트쉐이커 몰드　　　다각 하트 몰드

컬러 잉크 레진 조색제　　골드 글리터　　달별 금속 장식 파츠　　레인보우 글리터
(레드, 핑크, 옐로우, 퍼플)

【 보조도구 】
UV램프, 나무 막대

다이어리 삼공링 부자재　　A7 다이어리속지

How to make
만드는 법

①　2액형 레진의 주제와 경화제를 비율에 맞춰 충분히 섞은 다음 실리콘 컵 네 개를 준비하여 나눠 담아주세요. 각 컵에 레드, 핑크, 옐로우, 퍼플 컬러 잉크 조색제를 섞어 보다 선명하고 투명한 비비드 컬러를 만듭니다.

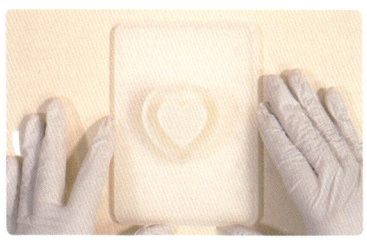 

❷ 다이어리 앞 표지가 될 A7 다이어리 몰드 가운데에 하트쉐이커 몰드를 올려준 다음 손으로 꾹 눌러 실리콘끼리 잘 붙게 고정합니다.

❸ 다이어리 몰드에 조색한 레진을 색깔별로 번갈아 가며 부어주세요. 레진 색감이 선명하니 완전히 섞는 것보다 구역을 나누어 붓는 것을 추천합니다.

❹ 나무 막대에 레진을 살짝 발라 골드 글리터를 듬뿍 묻혀주세요. 그다음 색깔 경계선 부분을 자연스럽게 연결해주세요. 그럼 마치 수채화처럼 레진이 자연스럽게 섞일 거예요.

❺ 취향에 따라 달별 금속 장식 파츠로 꾸민 다음 경화합니다. `2액형 레진 경화`

6 뒤 표지도 동일한 방식으로 제작합니다. 뒤 표지에는 하트 몰드 없이 몰드 전체에 레진을 채워서 경화시켜주세요.
　　2액형 레진 경화

Tip!

알코올 성분이 들어간 컬러 잉크의 경우에는 간혹 경화되면서 색감이 더 진해지고 선명해지기도 합니다.

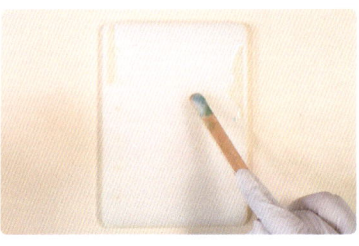

7 속 표지를 만들기 위해서 새로운 컵에 2액형 레진과 화이트 조색제를 섞어 불투명하게 조색해주세요. 아기자기한 모양의 레인보우 글리터도 추가해 잘 섞어주세요.

8 다이어리 몰드에 **7**에서 만든 하얀색 레진을 채워주세요. 레진이 불투명한 흰색이기 때문에 몰드에 레진을 부으면 레인보우 글리터가 가라앉아 잘 보이지 않지만, 탈형하면 잘 보일 거예요.
　　2액형 레진 경화

9 다각 하트 몰드에 2액형 레진과 빨간색 컬러 잉크 조색제를 섞어 만든 빨간색 레진을 채우고 경화해 다이어리에 포인트가 되어줄 파츠를 만들어주세요.
　　2액형 레진 경화

Tip!

다이어리 포인트 파츠를 바꿔서 만들 때는 표지에 구멍을 뚫은 몰드보다 작은 몰드를 선택해주세요.

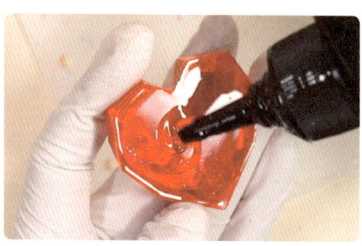 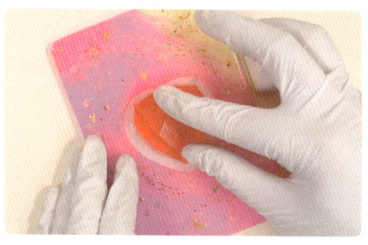

🔟 다각 하트 파츠의 뒷편에 UV레진을 꼼꼼하게 올려주세요.

⑪ 구멍이 나 있는 앞 표지와 ⑧번에서 만든 속 표지를 겹친 다음 하트 파츠를 중앙 배치해주세요. 자리를 잡았다면 앞 표지를 제외하고 하트 파츠와 속 표지를 경화해주세요. UV램프 3분 경화

⑫ 속 표지에 알파벳 스티커를 사용하여 나만의 주문이나 비밀 문구를 적어주면 마법책 느낌을 더 연출할 수 있습니다.

⑬ 다이어리 삼공링에 만든 표지들과 일반 A7 사이즈의 다이어리 속지를 끼워 넣으면 완성입니다.

마녀 호텔에 체크인하셨습니다

중세풍 마녀 호텔 키링

LEVEL

화려한 열쇠 프레임과 호텔 키링 몰드를 결합한 중세풍 마녀 호텔 키링입니다. 디테일한 열쇠 프레임이 돋보여 장착하는 순간 중세의 어느 방으로 옮겨 간 기분이 드는 아이템이에요.

Ready
준비물

2액형 레진

UV 레진

열쇠 프레임

호텔 키링 몰드

펄 파우더
(블랙, 화이트)

장식 파츠

금박, 은박 플레이크

3mm 미니 다이아몬드 파츠

하트 키링 부자재

【 보조도구 】
UV램프, 이쑤시개,
라이터, 롱노즈

How to make
만드는 법

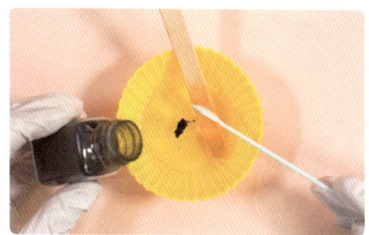

1. 2액형 레진의 주제와 경화제를 꼼꼼히 섞어 준비해주세요. 검정색 키링은 블랙 펄 파우더, 하얀색 키링은 화이트 펄 파우더를 사용해 원하는 키링 배경색을 조색해주세요.

STEP 2 DIY 레진아트

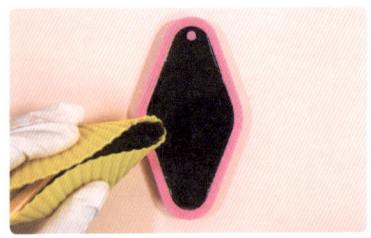

2 호텔 키링 몰드의 반 정도만 레진을 채워 경화합니다. 2액형 레진 경화

3 열쇠 가운데 가장 큰 원 프레임과 열쇠 가장 아래 작은 원 프레임에 배경색 레진을 채운 다음 경화될 때까지 기다려줍니다.
2액형 레진 경화

4 열쇠 프레임 레진이 경화됐다면 열쇠 프레임 상단에 있는 오링을 롱노즈를 사용해 제거해주세요.

5 열쇠 메인 프레임 주변으로 장식을 올릴 수 있도록 홈이 파인 부분에 UV레진을 조금씩 올려주세요. 메인 프레임 레진 위에 금속 파츠를 올려줍니다.

6 열쇠 프레임 홈이 파인 부분에 3mm 다이아몬드 파츠를 얹어 장식해주세요.
UV램프 1분 경화

7 메인 장식 프레임 부분에 고점도 UV레진을 도톰하게 올려 도밍 작업을 해주세요.
UV램프 3분 경화

8 2액형 레진에 금박과 은박 플레이크를 조금 넣은 다음 잘 섞어 주세요.

9 2에서 경화가 완료된 레진 위에 8에서 만든 플레이크 투명 레진을 부어주세요.

10 7에서 만든 열쇠 파츠를 호텔 키링 몰드 중앙에 배치하고 살짝 눌러 고정해 경화합니다.

2액형 레진 경화

탈형한 뒤 열쇠 고리에 하트 키링 부자재를 연결해주세요.

알로하! 트로피컬 무드

레인보우 코스터

LEVEL

맑고 투명한 느낌의 컬러 잉크 조색제만 사용하여 제작한 트로피컬 무드의 비비드한 레인보우 코스터입니다. 알코올 성분이 들어간 컬러 잉크 조색제는 일반 조색제와는 달리 레진 위에 떨어뜨리면 자연스럽게 퍼지면서 색상이 맑게 표현됩니다.

Ready

준비물

2액형 레진

컬러 잉크 조색제
(레드, 옐로우, 블루, 퍼플, 그린)

원형 코스터 몰드

레이저 홀로그램 글리터

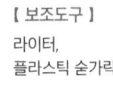
【 보조도구 】
라이터,
플라스틱 숟가락

How to make
만드는 법

❶ 2액형 레진의 주제와 경화제를 충분히 섞어 원형 트레이 몰드의 한쪽 끝부터 천천히 부어줍니다. 조색하기 전에 라이터를 이용하여 기포를 제거해주세요.

❷ 알코올 잉크 조색제를 한 방울씩 레진 표면의 원하는 부분에 떨어뜨립니다. 다양한 색깔을 사용할 경우 다른 색깔의 잉크 위에 또 다른 색을 떨어뜨리지 않도록 주의하며 색을 채워주세요.

❸ 하지만 조색제를 너무 많이 넣지 않도록 주의합니다. 여러 번 조색제를 추가할 경우 중심부 잉크가 섞이면서 색이 탁해지기 때문에 가급적 조색은 한번에 끝내는 것을 추천합니다.

❹ 글리터를 레진 표면에 흩뿌려주세요. 글리터를 숟가락으로 살짝 눌러 몰드 밑바닥으로 밀어 넣어도 좋습니다. 단, 이때 숟가락으로 색을 섞지 않도록 주의합니다. 이대로 경화하면 완성입니다.

2액형 레진 경화

펜을 퐁당 꽂으면 물결이 치는

물결 무늬 펜꽂이

LEVEL

알코올 성분이 포함된 잉크 조색제의 특성을 활용하여 만든 물결 무늬 펜꽂이입니다. 화이트 컬러 잉크 조색제는 다른 색과 달리 아래로 가라앉는 성질이 있어, 다른 색 위에 떨어뜨리면 함께 아래로 가라앉아 멋진 효과를 만들어냅니다.

Ready
준비물

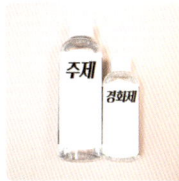

【 보조도구 】
힛툴,
바세린 or 보디 오일

2액형 레진   컬러 잉크 조색제   원통 몰드
              (블루, 핑크, 화이트)

Tip!

경화 시간이 24시간 이상 걸리는 레진 제품을 추천합니다. 하얀색 잉크 조색제가 아래로 내려가고, 기포가 자연스럽게 빠질 수 있게끔 충분한 시간을 주기 위해서예요.

How to make
만드는 법

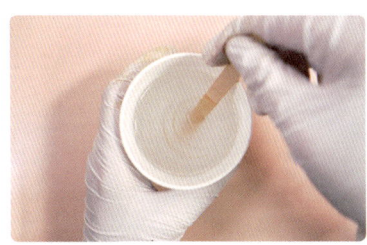

1 2액형 레진의 주제와 경화제를 충분히 섞어주세요.

2 원통 몰드에 레진을 천천히 부어주세요. 몰드 깊이가 깊을수록 좋습니다.

Tip!

얇고 세로로 긴 원통 기둥 몰드는 탈형이 쉽지 않습니다. 작업을 시작하기 전에 몰드 안쪽에 보디 오일이나 바세린을 살짝 발라주면 비교적 쉽게 탈형을 할 수 있습니다.

3 조색제를 넣기 전에 힛툴을 사용하여 표면에 생긴 기포를 제거해주세요. 경화가 24시간 이상 소요되는 레진을 사용할 경우에는 기포 없애는 작업을 따로하지 않아도 경화 중에 자연스럽게 기포가 사라집니다.

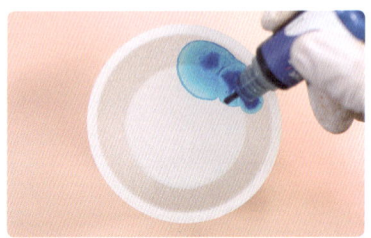

4 블루 컬러 잉크 조색제를 레진 표면에 한 방울씩 떨어뜨립니다.

5 핑크 컬러 잉크를 블루 잉크가 없는 곳에 떨어뜨립니다. 다양한 색깔을 사용할 경우에는 같은 부위에 다른 색깔의 잉크를 떨어뜨리지 않도록 주의합니다. 컬러 잉크 조색제 특성상 색이 겹치면 그 부분이 탁해지거든요.

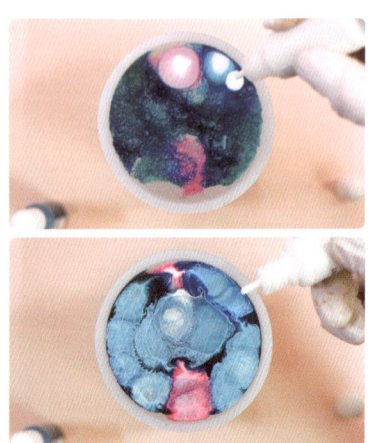

6 전체적으로 잉크를 뿌렸다면 잉크를 떨어트린 부분 위에 화이트 컬러 잉크 조색제를 떨어뜨립니다.
화이트 컬러 잉크 조색제의 무거운 성질로 인해 알코올 성분의 가벼운 다른 조색제들이 함께 가라앉을 거예요.

 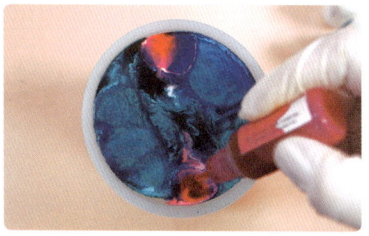

❼ 진한 색감을 원한다면 화이트 조색제를 떨어뜨린 부분 위에 한 번 더 컬러 잉크를 추가해주세요. 이때도 처음 조색한 색 위에 다른 색을 떨어뜨리지 않도록 주의해주세요.

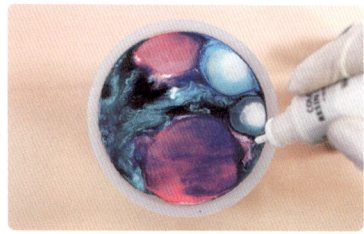 

❽ 색깔 조색제를 추가한 부분 위에 다시 화이트 컬러 잉크 조색제를 떨어뜨립니다.

❾ 진한 색감을 표현하고 싶을 경우 ❺~❻ 작업을 반복하면 됩니다. 조색이 끝났다면 경화합니다. **2액형 레진 경화**

❿ 경화가 완료되면 조심히 탈형합니다

깊은 우주 속 가장 빛나는 은하수

소우주 핸드폰 거치대

LEVEL

핸드폰 거치대 부자재 위에 작은 우주를 표현한 작품입니다. 핸드폰 거치대를 벽에 부착하면 마스크 걸이로도 사용 가능하니 일상 속에 나만의 작은 우주를 담아보세요.

Ready
준비물

UV레진

하트 모양
핸드폰 거치대 부자재

글리터 펄(실버)

펄 파우더(블랙, 퍼플)

알파벳 스티커

홀로그램 별빛 글리터

OHP 필름지

【 보조도구 】
UV램프, 이쑤시개,
실리콘 붓, 라이터

How to make
만드는 법

❶ UV레진에 블랙 펄 파우더를 소량 넣고 잘 섞어주세요.

❷ 다른 팔레트에 UV레진과 퍼플 펄 파우더를 넣고 잘 섞어주세요.

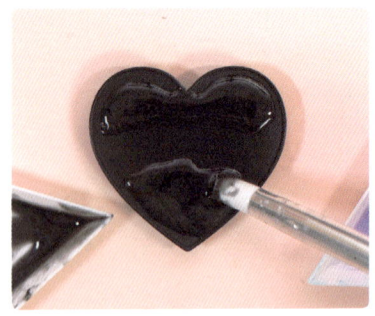

③ 가운데 부분을 남기고 하트 위쪽과 아래쪽에 검은색 레진을 실리콘 붓을 사용하여 채워주세요.

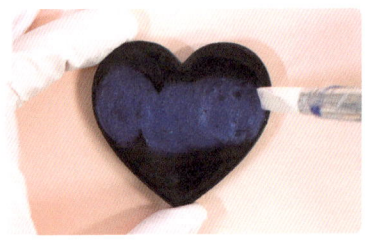 

④ 비워둔 가운데 부분에 보라색 레진을 채워주세요. 보라색과 검은색 레진의 경계선을 실리콘 붓으로 자연스럽게 연결해 소용돌이 모양을 만들면 더 신비로운 우주를 연출할 수 있습니다.

⑤ 이쑤시개를 사용해 실버 글리터 펄로 가운데를 가로지르는 라인을 그려 은하수를 표현해줍니다. 라인 주변에 글리터를 조금 더 흩뿌리면 작은 별빛을 표현할 수 있어요. UV램프 2분 경화

⑥ 경화를 마친 후 그 위에 알파벳 스티커로 나만의 문구를 붙여주세요.

❼ UV레진을 전체적으로 얇게 올린 다음, 알파벳 스티커 주위로 홀로그램 별빛 글리터로 조금 더 꾸며주세요.
UV램프 1분 경화

❽ 고점도 UV레진을 전체적으로 도톰하게 올려 도밍 작업을 해주세요.
UV램프 3분 경화

❾ 라이터로 기포를 제거한 후 한 번 더 경화하면 완성입니다. UV램프 3분 경화

핸드폰 거치대 활용법

별빛으로 새긴 MY GALAXY
우주 펜 만들기

LEVEL
★★★★☆

2단 작업을 통해 빛에 따라 은은하게 빛나는 우주 펜을 제작해보겠습니다. 제작이 까다로운 몰드지만 차근차근 따라 하다 보면 세상에 하나뿐인 나의 우주를 만들 수 있을 거예요.

Ready
준비물

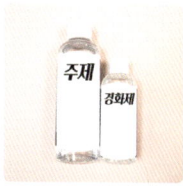  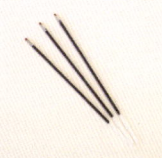 

2액형 레진　　　볼펜 몰드　　　볼펜 심　　　글리터 펄

펄 파우더　　　레이저 홀로그램　　알파벳 스티커　　OHP 필름지
(블랙, 퍼플)　　글리터

【 보조도구 】
가위, 핀셋, 사포

How to make
만드는 법

① 2액형 레진의 주제와 경화제를 꼼꼼히 섞어주세요. 기포가 생기면 티가 많이 나는 몰드라 기포가 적게 생기는 저점도 레진을 추천합니다.

 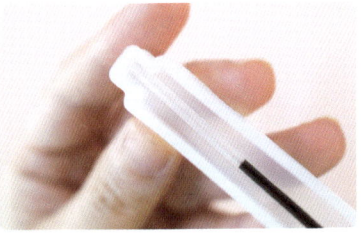

2 볼펜 몰드는 레진을 채우기 전 먼저 사이즈가 맞는 볼펜 심을 몰드에 끼워주어야 합니다. 몰드 끝 부분에 톡 튀어나온 돌기 부분이 있는데, 이 부분을 볼펜심 맨끝 구멍에 맞춰 끼워주세요. 볼펜 심 끝부분이 레진으로 막히면 잉크가 안 나옵니다.

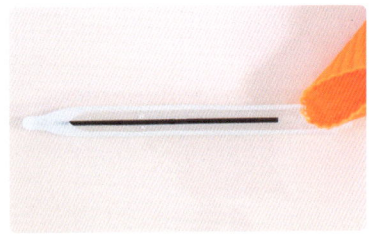 

3 볼펜 몰드의 반 정도 투명한 레진을 부어 줍니다. 몰드 양쪽 끝에 공기 기포가 생기지 않도록 주의해주세요.

4 얇게 자른 OHP 필름지 위에 알파벳 스티커를 사용해 문구를 작성합니다.

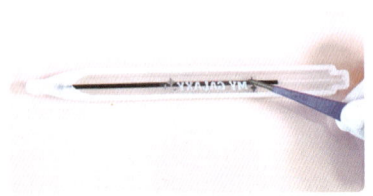 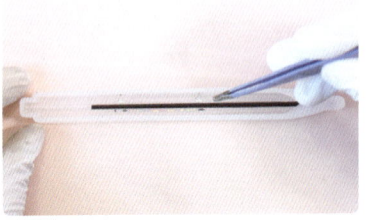

5 OHP 필름지를 뒤집어 볼펜 몰드 안쪽의 원하는 위치에 배치해주세요. 탈형했을 때 문구가 반대로 나오지 않게 주의하세요. **2액형 레진 경화**

6 새로운 컵에 2액형 레진과 블랙, 퍼플 펄 파우더를 각각 섞어 조색해주세요.

7 검은색 레진에는 은은한 별빛이 보이도록 글리터 펄을 넣고, 보라색 레진에는 큼지막한 레이저 홀로그램 글리터를 넣고 섞어줍니다.

 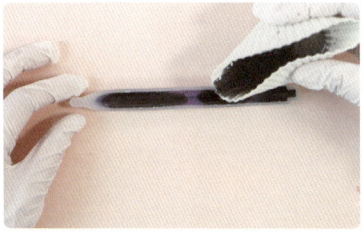

8 5에서 만든 레진이 경화되면 그 위에 검은색과 보라색 레진을 번갈아 가며 부어주세요. 보라색보다 검은색이 더 많이 들어갈수록 우주가 더 잘 표현됩니다.

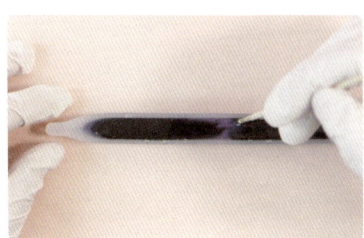

9 보라색과 검은색 레진의 경계선은 이쑤시개로 자연스럽게 풀어주세요. 이 상태로 경화하면 완성입니다. **2액형 레진 경화**

Tip!
탈형 후 펜의 날카로운 부분은 사포로 살짝 갈아주세요. 갈아낸 부분이 불투명해졌다면 UV 레진으로 살짝 코팅해주세요. 다시 반짝반짝해질 거예요.

LEVEL UP
레진아트 기술 더하기

원하는 모양으로 실리콘 몰드 만들기

시중에서 판매하는 몰드가 아니라 원하는 모양의 실리콘 몰드를 직접 만들 수 있어요. 직접 만든 몰드로 더 다양하고, 더욱 특별한 레진아트 작품을 만들어보세요.

원형

원형 파츠

원형을 만들지 않고 참, 파츠, 유리 공예품 등으로 찍어내는 가장 단순한 방법입니다. 원형 파츠가 UV레진으로 만들어졌을 경우 부가형 실리콘이 경화가 되지 않을 수도 있습니다. 이 외에도 부가형 실리콘과 맞지 않는 재질의 원형일 경우 제대로 굳지 않을 수 있으니 테스트 후 작업을 진행해주세요.

점토 빚기

원형부터 직접 디자인해서 작업하고 싶을 경우 가장 쉬운 방법은 점토로 빚어서 제작하는 방법입니다. 석고 점토 등을 원하는 모양으로 빚어서 충분히 말려준다면 원형으로 사용할 수 있어요.

아크릴 커팅

원하는 일러스트 파일을 아크릴 커팅 업체에 주문하는 방법입니다. 장점은 원형 제작이 쉽고 저렴하며 표면이 매끈하다는 점입니다. 옆면에 단층이 생기거나 입체적인 3D 모양을 구현하기는 어렵다는 단점이 있기 때문에 복잡한 원형보다는 쉐이커 같은 단순한 원형 작업에 추천합니다.

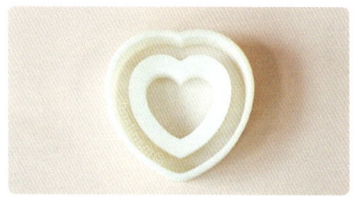

3D 프린팅

SLA 프린팅 방식으로 출력하는 것을 추천합니다. 레진 몰드를 매끈하게 출력하는 방법이지만, 3D 프린팅 특성상 필라멘트 특유의 결이 남을 수 있어 폴리싱(polishing) 후가공이 필요합니다. 3D 모델링을 할 줄 안다면 다양한 형태의 원형을 제작할 수 있다는 장점이 있지만 프린트하는 가격이 비싸고, 모델링 및 후가공 등 작업 프로세스가 번거롭다는 단점 또한 있습니다.

실리콘 몰드 만들기

1 액상 실리콘 제품을 준비합니다. 액상 실리콘도 2액형 레진처럼 주제와 경화제가 나누어 있어 일정 비율로 섞으면 말랑한 실리콘으로 굳습니다. 실리콘 경화 방식에 따라 '부가형'과 '축합형'으로 나뉘는데, 이 작업에는 부가형 실리콘을 추천합니다.

2 일반 테이프나 마스킹 테이프를 몰드 크기보다 크게 잘라 넓게 이어 붙여줍니다. 끈끈한 면이 위로 가게 준비해주세요.

3 몰드의 모양을 만들어줄 몰드 틀을 준비해주세요. 쿠키 틀을 추천합니다. 쿠키 틀이 없을 경우 종이컵, 두꺼운 종이, 필름지 등을 잘라 활용해도 괜찮습니다. 틀을 테이프 바닥면과 빈 틈 없이 붙여주세요.

Tip! 일부 마스킹 테이프의 끈끈한 면에 닿으면 실리콘이 경화되지 않을 수 있으니 주의해주세요.

4 틀과 바닥 틈새로 실리콘이 새어 나오지 않도록 글루건으로 단단히 고정시킵니다.

5 원형 그대로 본떠지기 때문에 원형 자체에 하자는 없는지 확인해주세요. 그다음 몰드 안쪽에 원형을 넣어서 바닥에 꾹 부착합니다.

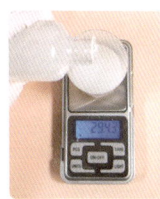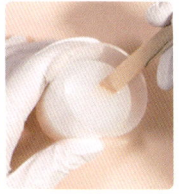

6 액상 실리콘의 주제와 경화제를 정해진 비율에 맞춰 계량해주세요. 주제와 경화제를 3분 이상 꼼꼼히 섞어줍니다. 기포가 생기지 않게 천천히 섞어주는 것이 포인트입니다.

7 틀 한쪽 구석부터 천천히 실리콘을 부어주세요. 원형은 다 잠기고, 몰드 틀은 넘지 않도록 채워야 합니다. 틀에 먼지가 들어가지 않게 틀 위를 잘 덮어주고, 실리콘이 굳을 때까지 최소 48시간 기다려주세요.

8 실리콘의 경화가 완료되면 실리콘과 테이프, 글루건, 쿠키 틀을 분리해주세요.

9 마지막으로 원형을 제거하면 실리콘 몰드 완성입니다.

Finish!

LEVEL UP

슈링크 페이퍼로 파츠 만들기

뜨거운 열기를 쐬면 크기가 줄어들면서 단단한 플라스틱이 되는 재료를 아시나요? 신기한 이 재료를 슈링크 페이퍼 또는 마술 종이라고 부릅니다. 슈링크 페이퍼에 직접 그린 그림으로 만든 파츠를 레진아트에 다양하게 응용할 수 있습니다. 제품에 따라 슈링크 페이퍼가 줄어드는 비율이 작게는 1/3부터 1/10까지 조금씩 다르기 때문에 제품 설명서를 확인해야 합니다. 페이지 상단의 QR코드에서 슈링크 페이퍼를 활용한 콘텐츠 영상을 참고해보세요.

슈링크 페이퍼 활용하기

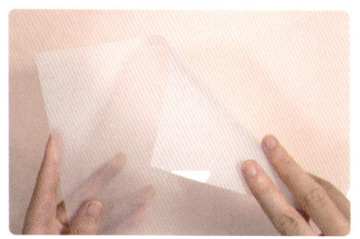

1 슈링크 페이퍼를 준비합니다. 종이의 한쪽 면은 거칠고 다른 쪽은 매끈한 유광 면인데 거친 면에 작업합니다.

2 슈링크 페이퍼의 거친 면에 밑그림을 그려주세요. 나중에 그림이 줄어들기 때문에 너무 작게 그리지 않아야 합니다.

3 색칠 도구로 그림에 색을 칠해주세요. 주로 사용하는 도구는 색연필입니다. 색칠을 마친 후 페인트 마카를 사용해 테두리를 덧그려주면 줄었을 때 형태가 또렷해집니다.
색을 꼼꼼하게 칠하지 않더라도 종이가 줄어들면서 색이 진해집니다.

Tip! 파스텔도 자주 사용하는 색칠 도구입니다. 하지만 크레파스와 같이 파라핀과 왁스 성분의 재료는 피해주세요.

4 원하는 크기로 깔끔하게 잘라주세요. 만약 작업물에 구멍을 뚫어 키링으로 사용하고 싶다면 종이를 줄이기 전 펀치로 구멍을 미리 뚫어주세요. 줄어들고 나서는 매우 단단해져 구멍을 뚫기 힘드니까요.

5 힛툴 혹은 공예 오븐을 사용해서 슈링크 페이퍼에 열을 가합니다. 처음에는 엄청 쪼그라들지만 점점 평평해집니다. 만약 큰 그림을 작업할 경우에는 힛툴보다는 공예 오븐을 사용해야 페이퍼가 잘 줄어듭니다.

6 다 줄어든 파츠 위에 레진을 올려 코팅해주면 더욱 완성도 높고 반짝반짝한 파츠를 제작할 수 있습니다. 레진이 없는 경우에는 작업품을 뒤집어 매끈한 면을 앞쪽으로 사용하면 됩니다.

Finish!

LEVEL UP

데코덴 생크림 본드로 생크림 효과 만들기

레진아트에 자주 사용되는 데코덴 생크림 본드는 쉽게 말해 모형 케이크를 만드는 가짜 휘핑크림입니다. 크림을 짜서 모양을 만들고 굳히기만 해도 그럴듯한 생크림 모양을 만들 수 있어요. 페이지 상단의 QR코드에서 데코덴 생크림 본드를 활용한 콘텐츠 영상을 참고해보세요.

데코덴 생크림 본드 공예

1 데코덴 생크림 본드를 준비합니다. 다양한 모양 깍지는 진짜 생크림을 짜는 데 사용하는 깍지처럼 다양한 모양이 있어서 깍지 모양별로 다른 형태의 크림을 짤 수 있습니다.

2 데코덴 생크림 본드 본체에 깍지 주입 캡을 연결해주세요.

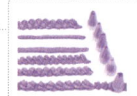

Tip! 작업을 시작하기 전에 힘을 조절하는 연습을 하고 진행하면 작업이 수월해집니다.

3 원형판 위에 노란색 데코덴 본드로 테두리를 채워주세요. 크림의 힘을 줬다가 빼는 형식으로 조절하며 작업 부위에 크림을 채워주세요.

4 분홍색 데코덴 본드로 큰 별 모양의 깍지를 사용해 가운데를 조준하여 본드를 짜줍니다. 뗄 때 살짝 비틀며 떼어주면 예쁘게 말린 휘핑 모양이 완성됩니다.

5 크림을 다 짰으면 그 위에 레진으로 만든 파츠나 다양한 파츠를 얹어 케이크를 장식해주세요. 30분이면 크림 표면이 마르기 시작하기 때문에 빠르게 작업해야 해요. 모두 다 꾸며주었으면 본드가 완전히 마를 때까지 하루 정도 기다려주세요.

데코덴 생크림 본드 작품

데코덴 크림은 다양하게 응용이 가능하기 때문에 많이 사랑받는 재료입니다. 레진과는 또 다른 느낌이라, 레진과 함께 작업하면 독특한 작품을 완성할 수 있습니다.

핸드폰 케이스, 핸드폰 거치대

카드 케이스

초보자를 위한 Q&A

레진아트는 보기엔 쉬워 보이지만 막상 만들어보면 이러저러한 이유로 결과물이 좋지 않을 때가 많습니다. 초보자들은 자신의 작품이 왜 이렇게 나오는지 도움받을 곳이 없어 결국 레진아트에 흥미를 잃고는 비싼 재료들을 방치하고 말죠. 그래서 초보자들이 가장 많이 하는 질문들을 모았습니다. 레진아트 초보자 금손 만들기 완벽 가이드!

**2액형 레진이 적정 시간이 지나도 굳지 않습니다.
이럴 땐 몰드에서 어떻게 탈형하나요?**

2액형 레진이 굳지 않고 말랑한 경우는 대부분 주제와 경화제 비율의 문제입니다. 적정 경화 시간보다 조금 더 기다려주시고, 그래도 굳지 않는다면 레진을 과감히 버리고 다시 제작해야 합니다. 굳지 않은 레진이 몰드에서 꺼낼 수 없을 정도로 찐득한 상태일 때는 몰드를 냉동실에 넣어 레진을 얼린 다음 탈형해주세요. 몰드는 식물성 에탄올로 닦아 재사용하면 됩니다.

**2액형 레진에 경화제를 더 넣거나,
UV램프를 사용하면 경화 시간이 짧아지나요?**

2액형 레진에 경화제를 더 넣는다고 레진이 더 빨리 경화되지 않습니다. 오히려 경화제를 비율에 맞지 않게 많이 넣으면 말랑해져 잘 굳지 않으니 레진은 꼭 적정 비율을 맞춰주세요. 또한 2액형 레진은 UV램프의 빛을 쐬어도 아무런 효과가 없습니다. UV램프는 UV레진에만 사용해주세요.

새로 산 실리콘 몰드인데 찢어졌어요.
이유가 뭘까요?

레진이 너무 뜨거웠거나, 몰드 표면에 기포를 없애기 위해 라이터나 힛툴로 열을 오래 가할 경우에 실리콘 몰드가 살짝 녹아 레진과 붙어버릴 수 있습니다. 라이터나 힛툴 등을 사용하실 땐 최대한 표면을 스치듯이 빠르게 사용해주세요. 덧붙여 몰드 안에 보디 오일이나 바세린을 미리 바르면 탈형이 쉽고 몰드의 수명도 조금 더 길어져 오랫동안 사용할 수 있습니다.

작업한 레진 작품이 노랗게 변했어요.
왜 이럴까요?

레진이 직사광선에 노출되어 점점 노란빛을 띠게 변하는 현상을 '황변 현상'이라고 합니다. 이는 레진의 특성이라 모든 레진 작품에 무조건 발생하는 현상입니다. 다양한 레진 브랜드에 따라 황변 현상이 심할 수도 적을 수도 있습니다. 하지만 황변이 적은 레진이 좋다고 하기에는 레진 마다 광택 등 추가적인 결과물에 차이가 있을 수 있으니 다양한 레진을 사용해보고 본인에게 가장 적합한 레진을 찾아보는 것을 추천합니다. 황변 현상을 최대한 방지하려면 작업물을 직사광선이 닿지 않는 곳에 보관해주세요. 이는 레진을 보관할 때도 마찬가지입니다. 또한 레진을 과도한 양으로 교반한 경우 생기는 '급경화 현상'에 따라 간혹 레진이 타버려서 노랗게 변하는 경우도 있습니다. 액세서리용 레진을 작업할 땐 한번에 적정 용량으로 제작해주세요.

마니랜드 개장합니다

Hashtag

해시태그로 읽는 마니랜드

유튜버 마니랜드는 어떤 채널이고, 어떤 꿈을 키워가고 있을까요?
취미생활자이자 레진 공예 스토어를 운영하는 마니랜드를 시시콜콜 알려드립니다.

#레진아트

#공예작가

#공예판매

#레진유튜버

#창의력

#DIY

#취미콘텐츠

#취미공예

#무궁무진

#공예쇼핑몰

#프로취미러

#소품

#손재주

#누구나따라하는

#꾸미는재미

#핸드메이드

#기념품

#덕질

#집콕취미

#레진유튜버 #키덜트
#완구덕후 #프로취미러 #취미콘텐츠

마니랜드는 유튜브 채널 메인 아트에서 바로 알 수 있듯 레진아트를 메인으로 아기자기한 키덜트 콘텐츠를 업로드하고 있는 유튜브 채널입니다. 유튜브 콘텐츠 아이디어를 기획할 때 다양한 시도를 하려고 노력하면서도, 레진아트를 친근하게 알릴 수 있도록 주변에서 소재를 자주 찾곤 하는데요. 주변에 있는 사물에서 영감을 받아 디자인을 하거나 다양한 재료로 나만의 아이템을 제작하는 법을 재미있게 알리는 영상을 만들고 있습니다.

#레진아트 #취미공예
#DIY #집콕취미

수많은 수공예 분야가 있지만, 나만의 디자인으로 다양한 아이템을 예쁘고 쉽게 만들 수 있는 공예로 레진아트만 한 게 없다고 생각합니다. 그래서 예쁜 소품을 좋아하고 만들기를 좋아하는 분들이 자연스럽게 레진아트의 매력에 풍덩 빠지게 되지요. 또 요즘 집 안에서 지내는 시간이 많아지면서 자연스럽게 '집콕 취미' 붐이 일면서 레진아트에 대한 관심이 커졌습니다. 집에서도 충분히 즐길 수 있는 취미이자 이제 막 관심을 받기 시작한 분야라 발전 가능성이 크다고 생각합니다. 앞으로 많은 분들과 함께 건강한 공예 취미 문화를 만들어갔으면 좋겠습니다.

#덕질 #나만의굿즈 #꾸미는재미

레진아트가 한국에서 관심을 크게 받는 이유 중 하나는 K-POP 팬 문화라고 생각합니다. 레진아트로 자신이 좋아하는 아티스트의 굿즈를 직접 제작할 수 있다는 점에서 레진아트가 팬덤 활동이 되기도 했는데요. 한국 팬들이 레진아트로 자신만의 굿즈를 만들기 시작하면서 자연스럽게 한국의 레진아트 문화 또한 K-POP의 인기를 따라 세계로 퍼져나가고 있지요. 한국 레진아트를 사랑하는 사람으로서 자랑스럽게 생각하고 있답니다.

OUTSIDE

Maniland in Number

숫자로 보는 마니랜드

첫 레진아트 영상 업로드일
2019년 3월 11일

마니랜드 시청자 비율
81.1% 여성   **18.9%** 남성

시청자 연령대 분포
- 13-17세 **9.6%**
- 18-25세 **35.3%**
- 25-34세 **23.1%**
- 35-44세 **20.6%**
- 45-54세 **8.7%**
- 55-61세 **1.4%**
- 65세 이상 **1.2%**

마니랜드 월 평균 업로드 영상 수
8개

마니랜드 구독자 최다 활동 시간대
PM 8:00-11:00

마니랜드 월 평균 제작 작품 수
4개

마니랜드 영상 최다 조회수
(레진아트) 조회수 **136만회**
역대급 청량한 바다 키캡 만들기

* 2021년 8월 기준

Interview

하이, 랜디!
마니입니다

Interviewee 마니랜드_ 유튜브 '마니랜드' 채널 운영자이자
레진 공예 스토어 '마니랜드'의 대표

레진아트를 시작하게 된 계기가 있나요?

우연히 SNS를 하다가 레진아트 액세서리를 제작하는 해외 영상을 봤어요. 어렸을 때부터 만들기와 반짝반짝하고 아기자기한 소품을 좋아했던 저는 곧장 레진아트에 흥미를 가지게 되었습니다. 하지만 그 당시에는 한국에서 재료를 구하기 어렵고 가격도 비싸서 진입 장벽이 높아 포기했던 기억이 있습니다. 그러다 시간이 지나고 우연히 레진아트 영상을 다시 보게 되었고 그땐 정말 참을 수 없었습니다. 마침 레진아트에 관심 있던 친구가 재료를 구할 수 있는 곳을 알려주어 레진아트 세계에 풍덩 빠져버리고 말았습니다.

레진아트를 유튜브 메인 콘텐츠로 선택한 이유가 있나요?

레진아트를 시작하면서 제일 먼저 유튜브에 제작 영상을 검색해보았어요. 당시에 한국에서 유행하기 시작했던 하트쉐이커 제작 영상은

이미 오래된 해외 영상밖에 없었고, 한국어로 된 레진아트 채널 또한 거의 없었습니다. 그래서 저처럼 유튜브에 검색해보실 다음 분들이 저보다 더 쉽게 제작하는 방법을 알고, 이 재미있는 공예를 함께 즐겼으면 하는 마음을 담아서 저의 시행착오와 소소한 팁을 담은 첫 하트 쉐이커 제작 영상을 업로드하게 되었습니다. 레진아트 장벽이 낮아져서 한국의 레진아트 시장이 더 커졌으면, 그래서 더욱 다양한 레진아트 재료가 공급됐으면 하는 마니아의 바람도 있었죠.

마니랜드의 뜻은 무엇인가요?

'마니'는 제가 예전에 자주 쓰던 게임 닉네임 '낭만'에서 파생된 이름으로, 친구들이 '낭만아~'라고 부르는 대신 친근하게 '마니야~'라고 부르며 생긴 애칭입니다.

'랜드'를 붙인 이유는 어릴 때부터 테마파크를 매우 좋아했기 때문입니다. 테마파크에 입장하는 순간, 잠시 외부의 모든 걱정과 근심이 사라지고 다른 세상에 온 것만 같은 설렘이 있거든요. 제가 느꼈던 것처럼 마니랜드에 오신 분들이 마니랜드의 콘텐츠를 즐기는 동안 만큼은 잠시나마 현실의 걱정과 근심을 잊을 수 있다면 좋겠다는 마음에서 채널 이름을 짓게 되었습니다.

구독자 애칭이 '랜디'인 이유가 있을까요?

유튜브 채널 1만 명을 달성했을 때 커뮤니티 투표를 통해 정했습니다. 채널 이름 '마니랜드'의 랜드에서 따온 애칭으로, 마니랜드에 놀러온 '랜디'라는 뜻이죠. 더불어 제 닉네임인 '마니'와 세트 같은 느낌도 있고요.

온라인 클래스부터 레진아트 쇼핑몰까지, 다양한 방면에서 활동하게 된 이유가 있나요?

처음에는 재료 쇼핑몰을 운영할 생각은 전혀 하지 않았습니다. 다만 유튜브 채널을 운영할수록, 제가 사용하는 재료에 대해 궁금해하는 분들이 많아졌어요. 또 만드는 방법을 알려드려도 재료를 여기저기서 따로 찾아보고 구해야 하는 번거로움 때문에 아쉬워하는 분들이 있더라고요. 그래서 온라인 클래스부터 시작해서 결국엔 레진아트 재료 쇼핑몰까지 열게 되었습니다. 쇼핑몰에는 제가 직접 사용해보고 좋았거나 추천하고 싶은 제품을 위주로 판매하는 편집숍 형태로 운영하고 있는데요. 이 점을 많은 분들이 좋게 봐주시며 응원해주셔서 즐겁게 운영하고 있습니다.

취미로 시작한 레진아트, 수입을 내는 부업까지 가능할까요?

레진아트는 취미로 시작해서 판매까지 하는 작가들이 많은 공예 분야입니다. 그만큼 초보도 조금만 연습하면 좋은 퀄리티의 작업물을 제작할 수 있기 때문입니다. 또한 자유롭게 자신만의 디자인 감각을 발휘할 수 있고 독특한 나만의 작품을 만들어낼 수 있죠. 저도 레진아트 재료비를 충당하기 위해 직접 만든 작품들을 판매하기 시작했습니다. 그렇게 조금씩 제 작품을 좋아해주는 팬이 생겼고 레진아트 쇼핑몰까지 운영하게 되었습니다. 여러분들도 자신만의 작품을 하나씩 만들다 보면 어느새 멋진 레진아트 작가가 되어 있을 거예요.

**마니랜드의 최종 목표가 있다면
알려주세요.**

꿈은 크게 가지는 편이라, 디즈니나 산리오, 마블처럼 저와 비슷한 취향의 여러분이 함께 좋아할 수 있는 IP 브랜드를 만드는 것이 꿈입니다. 앞으로도 레진아트뿐만 아니라 비슷한 취미를 가진 사람이라면 함께 즐길 수 있는 콘텐츠에 꾸준히 도전하려고 합니다.

Space

마니랜드 공방,
어떤 곳인가요?

이사한 지 얼마 되지 않아 빈 곳이 많지만 아기자기하고 창작력이 샘솟는 저의 작업실을 소개합니다. 작업과 촬영을 동시에 하기에 커다란 책상이 작업실을 차지하고 있고, 그물망 파티션을 설치하여 완성된 레진 작품을 전시하고 있습니다. 몰드와 레진 보관하는 방법을 많이 궁금해하시는데, 저는 큰 몰드는 지퍼백에 넣어 먼지가 들어가지 않도록 보관하고 작은 몰드는 납작한 보관함에 앞면이 바닥을 향하도록 쌓아서 보관하고 있습니다. 레진은 햇빛이 안 드는 곳에 보관하고 있어요.

Recommendation

추천 채널 & 사이트

1
마니랜드 유튜브
https://www.youtube.com/c/ManiLand마니랜드

사진과 텍스트만으로 이해하기 어려운 부분이 있다면 마니랜드 유튜브 채널을 꼭 방문해주세요. 레진아트를 처음부터 끝까지 제작하는 영상을, 간단한 설명과 팁과 함께 확인할 수 있습니다. 영상을 따라 하면 더욱 쉽게 레진아트의 세계로 빠져들 수 있을 거예요.

2
마니랜드 스토어
https://smartstore.naver.com/maniland

책에서 소개하는 대부분의 재료를 구매할 수 있는 온라인 쇼핑몰입니다. 제가 직접 레진아트를 소비하는 소비자 입장에서 좋았거나 탐이 났던 제품들 위주로 선정하고, 직접 제작한 오리지널 재료도 판매하고 있는 편집숍이지요. 모든 상품에 애정을 가지고 운영하고 있어 레진아트 재료가 생소한 분이라도 쉽게 차이점을 이해할 수 있도록 자세히 소개하고 있습니다. 보기만 해도 즐거운 쇼핑몰을 추구하고 있으니 한번 놀러오세요.

3
Quantastic
https://www.youtube.com/c/Quantastic

전 세계에서 활동하는 다양한 공예 아티스트들의 영상을 소개하는 유튜브 채널입니다. 레진아트도 '에폭시 수지(Epoxy resin)'라는 이름으로 자주 등장하며, 영상 출처를 꼼꼼히 적는 편이라 마음에 드는 작가들의 채널을 찾아가기도 쉽습니다. 레진아트뿐만 아니라 다양한 창의적인 공예 활동을 만날 수 있어 좋은 영감을 받을 수 있을 거예요.

4
핀터레스트

키워드 'Resin Art', 'Resin Craft', 'Cast Resin'

레진아트를 활용한 다양한 해외 작업물을 구경할 수 있습니다. 핀터레스트뿐만 아니라 인스타그램, 유튜브, 틱톡 등에 동일한 키워드를 검색하면 훨씬 다양한 레진아트 작업 영상을 볼 수 있습니다.

5
수제 몰드샵

ETSY, 인스타그램

레진아트가 유명해지면서 독창적인 디자인의 실리콘 몰드를 판매하는 몰드 작가가 많이 등장했어요. 해외 몰드 아티스트는 'ETSY'라는 핸드메이드 오픈 마켓에서 'Handmade resin mold' 등으로 검색하면 찾을 수 있습니다. 국내 업체 또한 인스타그램에서 '수제 몰드' 등의 태그를 검색하면 됩니다.

KI신서 9909
놀러오세요, 레진아트 공작소

1판 1쇄 발행 2021년 9월 24일
1판 2쇄 발행 2023년 1월 1일

지은이 마니랜드(박지인)
펴낸이 김영곤
펴낸곳 (주)북이십일 21세기북스

인문기획팀장 양으녕 인문기획팀 이지연 최유진
디자인 엘리펀트스위밍
출판마케팅영업본부장 민안기
출판영업팀 최명열
마케팅1팀 배상현 한경화 김신우
e-커머스팀 장철용 김다운
제작팀 이영민 권경민

출판등록 2000년 5월 6일 제406-2003-061호
주소 (10881) 경기도 파주시 회동길 201 (문발동)
대표전화 031-955-2100 팩스 031-955-2151 이메일 book21@book21.co.kr

(주)북이십일 경계를 허무는 콘텐츠 리더
21세기북스 채널에서 도서 정보와 다양한 영상자료, 이벤트를 만나세요!
페이스북 facebook.com/jiinpill21 포스트 post.naver.com/21c_editors
인스타그램 instagram.com/jiinpill21 홈페이지 www.book21.com
유튜브 youtube.com/book21pub

당신의 일상을 빛내줄 탐나는 탐구 생활 <탐탐>
21세기북스 채널에서 취미생활자들을 위한 유익한 정보를 만나보세요!

ⓒ 마니랜드, 2021
ISBN 978-89-509-9752-6 13630

· 책값은 뒤표지에 있습니다.
· 이 책 내용의 일부 또는 전부를 재사용하려면 반드시 (주)북이십일의 동의를 얻어야 합니다.
· 잘못 만들어진 책은 구입하신 서점에서 교환해드립니다.